エースの資格

江夏 豊
Enatsu Yutaka

PHP新書

エースの資格

目次

プロローグ

エースはもういないのか？——新たなエース候補・澤村拓一

第1章

エースの資格

1 エースはだれもがなれるものではない

2 エースたるもの、わがままであれ

3 一人の投手がエースに育つプロセス

4 故障しない身体

第2章　エースの武器

1　速いだけが「いい真っすぐ」ではない

2　ジョーカーとしてのカーブ

3 フォアボールの少なさがコントロールの条件ではない

第3章 抑えのエース

1 戸惑いから始まったリリーフ転向

2 バックの守りを気にしても仕方がない

エピローグ

大事なのは工夫と決断力——運に恵まれた十八年間の野球人生

構成——高橋安幸

プロローグ

エースはもういないのか？——新たなエース候補・澤村拓一

ついに「投高打低」となった二〇一一年を経て二〇一二年へ

二〇一一年、日本のプロ野球は一つの転機を迎えました。投手出身の自分にとってはたいへん喜ばしいことに、好成績を挙げたピッチャーが数多く出て、各チームの防御率も大きく向上したのです。反対に、バッターのほうは軒並み打撃成績が下降し、各チームのホームラン数も減って、打率も低くなりました。

この背景には、プロ野球ファンのみなさんならすでにご存じのとおり、「飛ばないボール」と言われる統一球の採用があると思われます。前年までにくらべ、低反発の素材を使ってつくられたボールだからです。

一方で、従来よりもボールの縫い目の幅が一ミリ広がったことによって、それが投手の指先に有利に働いている面がある、とも言われてきました。

実際、選手たちからは「飛ばない」との声が聞かれ、「変化球のキレが増した」といった印象も耳にしています。現実にグラウンドでボールを扱っている人たちが言うんですから、多少なりとも影響はあるんでしょう。

ただ、球界全体への影響はあるにせよ、たとえば、埼玉西武ライオンズの中村剛也《たけや》は五〇本近いホームランを打ちまくっている。一概に「飛ばない」などとはいえないことも事実で、そういう意味で私は、全部が全部、統一球そのものの影響とは思いません。

そのなかで一ついえることは、長いあいだ、「打高投低」と言われてきた日本のプロ野球が、ついに「投高打低」になったということ。

この傾向が二〇一二年以降、どのように変わっていくのかは別にして、素直に変化を受け容れる必要があると思います。これは各球団、現場の首脳陣や選手のみならず、周りのマスコミ、われわれ野球関係者、そしてファンのみなさんも同様です。

はじめてブルペンで見た澤村は「純真無垢な投手」だった

投高打低となった二〇一一年、日本のプロ野球は各チーム、若い選手たちの存在が際立ちました。セントラル、パシフィック両リーグとも、「新人王候補」と評される人材が数多く台頭したのはきわめて異例のことです。

とりわけ、大学・社会人出身の新人投手たちの活躍がめざましく、たんに一軍で機能したのみならず、チームの主力となるピッチャーも出てきました。

筆頭は、巨人の澤村拓一《ひろかず》。中央大学時代から一五〇キロを超える剛速球で注目され、ドラフト一位で入団した右投手です。澤村の一年目の成績は一一勝一一敗、防御率二・〇三。これだけでもう立派な数字で、当然のごとく、セ・リーグ新人王となりましたが、二〇〇回に達した投球イニング数、完投数、奪三振数はチームトップ。何より、新人にして先発ローテーションをきっちり守り通したことは称賛に値します。

私が澤村をはじめて目の当《ま》たりにしたのは、二〇一一年二月下旬、沖縄キャンプのブルペンでした。投球練習を見させてもらってまず感じたのは、「馬力のあるピッチャーだな」ということ。球種は真っすぐ、スライダー、カーブを投げていたのですが、本人がいちばん気持ちよさそうに投げていたのが真っすぐでした。

コントロールはよさそうでいてバラつきがあり、バラついているなかでもストライクは入る、といった程度。ときに、力まかせに真っすぐを投げてキャッチャーが捕るのに苦労していました。だから、悪くいえば大雑把《おおざつぱ》、よくいえば大らかな、純真無垢《むく》な投手というのが第一印象でした。

それでも、ブルペンでの態度は堂々としていて、いい意味ですごく自信家なんだな、なかなかおもしろい子だな、とも感じました。そして、投球練習を終えると、目の前で見ていた自分のところに来て、「今度入りました、澤村です」と挨拶《あいさつ》してくれた。こういう姿勢には好感をもちましたね。

公式戦ではじめて澤村を見たのは、それから二カ月後、四月二十一日の甲子園球場、対阪神タイガース戦。この試合でのピッチングは、キャンプのブルペンで見たときとはまったく違っていた。すばらしすぎる内容だったんです。

寒さの残る甲子園、澤村が選択した勝負球は意外なボール

まず、その日は甲子園特有の海風が吹いて、すごく寒かった。ピッチャーにとって寒さというのは「最大の敵」と言ってもいいんです。自分自身のコンディションづくりにも苦労しますし、いちばん故障しやすいのも寒いときですから。

なぜ苦労するのかといえば、寒さが指先にくる。指先にくるということは肩にくる。これは実際にやった人じゃないとわからないものですが、ピッチャーは指先が生命線なんです。だから冷えないように、何度も指に息を吹きかけて温める。それがうまくいかなくて冷えると、冷えが肩まできて、肩や背中の故障につながりやすい。どうしても投げづらくて、投げるときに余分な力が入ってしまうからです。

まして寒いときは大概、空気が乾燥しています。指先が冷えるだけじゃなしに、乾いてカサカサになるからもっと投げづらい。しっとりと汗をかくぐらいに湿気があれば、指先がボールにフィットして投げやすいけれど、カサカサだとボールが抜けやすくなってしまう。それでピッチャーはたえず指をなめたり、汗をつけたり、滑り止めのロージンを触ったり。

こうした対策をどうやるかは選手個々によって違うんですが、一ついえるのは、寒くて乾燥しているときほど変化球のほうが投げやすい、ということ。真っすぐにくらべたら、変化球はボールが抜けにくいんです。つまり、コンディションが悪いなかでも、いい変化球をもっているピッチャーであれば崩れにくい。

そこで私は、「このコンディションのなかで、澤村はどういう投げ方をするのかな？」と思って見ていました。というのも、ちょっと表現は悪いけれど、「澤村はどちらかといえば、真っすぐしか投げられない」というイメージが自分にはありましたから。

事実、キャンプのブルペンで見たときには、真っすぐはたしかに魅力があるな、という気はしていましたが、変化球に関しては未完成。本人が「次、スライダーいきます」「次、カーブいきます」と言って投げたところで、スライダーもカーブも曲がりが変わらない。「これではたして即戦力になれるのか」と疑問に思ったほどだったんです。

そして、試合が始まって第一球。一五四キロの真っすぐでした。それだけでスタンドからはワーッと歓声が上がった。ということは、阪神のベンチも「おい、やっぱり速いぞ」となっていたはず。

ところがあにはからんや、勝負球はスライダー、フォークだったんです。

澤村が「巨人のエース」と呼ばれる日はそう遠くない

好投の背景には、キャッチャーの加藤健のリードもあったと思います。リードどおりに投げたというよりは、おそらくベンチ裏で二人で話し合って、澤村は加藤の考えに納得して投げたんでしょう。加藤の考えとは、「寒さのなかで澤村の真っすぐは本来のできではないな」

というものだったはずです。ただ、キャッチャーの考えどおりに投げられた順応性は、新人にしては、たいしたものだと思えました。

もう一つ、たいしたものだと驚かされたのは、一回からランナーなしでもセットポジションで投げていたことです。セットにすると動作が少なくなるので、コントロールが乱れにくくなります。ワインドアップになると反動もしくは勢いを使うぶん、ボールの力が増す代わりに乱れやすい。その乱れをなくすために、できるだけ動きを小さくして、セットで投げてコントロールをよくするのです。

だから、コントロールの悪い人はノーワインドアップかセットで投げる。反対に、力いっぱいほうりたい、速い球を見せたいときにはワインドアップで投げる。セットポジションとワインドアップにはそういう違いがあります。

澤村は大学時代からセットで投げていたそうですけど、本来なら、ワインドアップで力いっぱいほうりたいタイプだと思います。もちろん、澤村の場合はセットで投げても一五〇キロ以上の速球を投げられるわけで、スピードが一〇キロも遅くなることはないんですが、「コントロール重視でいこう」という心がけがそのセットポジションに感じられました。

このあたり、澤村はピッチャーとして、われわれ周りの者が思っている以上に能力が高いと感じましたし、想像以上に頭がよくて、勇気のある選手だな、と。

速い真っすぐが特徴のピッチャーが変化球主体に切り替える、ワインドアップからセットポジションに替える――こういうことを自分で決めてやれるのは、勇気があるからです。勇気がなければ、決断力がなければ、何もできずに固まったまま。自分で考えて、工夫して、前に進んでいこうと思えるのは勇気なんです。

その日の阪神戦、澤村はプロ初勝利を挙げました。しかし、このときは結果が出ただけでなく、投球内容もみごとだった。想像以上に中身のあるすばらしいピッチャー、それが現場ではじめて見たときの印象です。

また、そのとき同時に思ったのは、たとえば、寒さは関係ないドーム球場だったらどうか、もしくは気候が暖かくなったら、どんなピッチングをするか、ということでした。要するに、本来の真っすぐ主体でいけるようになれば、もっといいピッチングをするんじゃないか、と。

現にそれだけのピッチングができたことは、一年目の数字に表れています。打線の援護に恵まれない試合も多かったなか、よく二ケタ勝てたと思う。

能力が高く、勇気もある澤村が「エース」と呼ばれる日はそう遠くないでしょう。伝統ある名門球団の巨人軍で、大黒柱になりうる器だと思います。

バックスイングの小さい斎藤のフォーム

二〇一一年のキャンプ前からシーズン中にいたるまで、澤村以上に注目を浴びた新人投手が早稲田大学出身、北海道日本ハムファイターズの斎藤佑樹です。

一年目の成績は六勝六敗、防御率二・六九。投球イニングは一〇七回ということで、注目度と期待度の高さのわりには物足りない数字に終わりました。五月に脇腹を痛めて戦線離脱するなど、本人としても不本意なシーズンだったと思います。

私自身、斎藤にはキャンプ前から注目も期待もしていました。それで二月下旬、沖縄に滞在中、名護キャンプに行くことを楽しみにしていたのですが、残念ながら、斎藤は体調不良で練習を回避していた。はじめてそのピッチングを見たのは四月二十四日、対楽天戦でのことです。

そのときに感じたのは、このフォームで速い球を投げるのはちょっと難しいんじゃないか、ということです。二〇〇六年夏の甲子園で優勝したときのフォームがよくて、その印象がとても強かったので、「だいぶ変わったな」と思いました。

第一に、バックスイングが小さくなった。これはピッチャーとして致命傷になりかねません。大学野球の世界だったら、それでもごまかすことはできたと思うけれど、プロ野球は、それなりの技術をもった巧打者がたくさんいる世界です。相手ピッチャーのフォームを見て、タイミングを合わせて崩していく、というような、そうした技術をみんながもっています。

反対にピッチャーとすれば、相手バッターのタイミングを狂わせるための、いちばん大きな武器がバックスイング。そのバックスイングが十分にとれないということは、バッターから見れば、たとえボール自体がすごくても、タイミングは合わせやすい、打ちやすいピッチャーなんです。

それよりも、ボールはそんなにすごくないんだけど、タイミングがとりにくいピッチャーはいる。じつはそのほうがバッターとすれば怖いんですよ。なぜ怖いかというと、バックスイングが大きくて、フォロースルーがあって、なおかつ球持ちがいいから。これがバッターにとって、いちばん手こずるピッチャーといえます。

斎藤は器用という能力が裏目に出ているのではないか

じゃあ、なぜ斎藤は、バックスイングが小さくなったのか——。

ひと言でいうと、器用だからでしょう。器用だから、なんでも自分の抱いているイメージどおりにほうれる。彼はそういう能力はもっていると思います。ただ、かえってその器用さが裏目に出ているんじゃないか。ほんとうは、もっともっと不器用なほうがいいんです。

不器用な人は、一生懸命、一つのことばかり追い求めて、やっと覚えるから、覚えたことはなかなか忘れない。器用な人は三日、四日でサッと覚えられる。実際、プロ野球の世界でも、ひと晩で覚えられる人が多いんです。その代わり、ひと晩で忘れてしまう。試験前の一夜漬けじゃないけれど、これがいちばん困るんですよ。

器用なのは悪いことじゃない。たいへんプラスになる能力です。でも、器用すぎてなんでもできるというのは、逆に、そのとき身につけたフォームが残らないという側面もあるわけです。これは野球にかぎらず、ほかのスポーツ、ほかの技術の世界も同じじゃないでしょうか。ビジネスマンの方でも、要領のいい人と、不器用な人がおられるでしょう。

どちらがいいかといえば、なかなか答えは出ないと思うけれど、上に立つ者から見ると、不器用で一生懸命な人のほうがかわいいいんじゃないか。不器用ゆえに失敗して、叱りつけることも多いわりにかわいい。逆に、器用な人ほど使いやすい反面、いつかどこかで足元をすくわれるような気がするんじゃないでしょうか。

斎藤が日本ハムの首脳陣からどう見られているか、定かではありません。ただ、早稲田実業時代の指導者である監督さんが、「彼のよさはわかりにくいところにある」とコメントしていました。「すごく期待していると、そうでもない投球をすることがある」と。この言葉は案外、的を射ているかもしれません。

澤村と違って「エース候補」とは言いがたい斎藤

器用という面では、たしかに斎藤はピッチングがうまいと思います。若いピッチャーにしては、高度なテクニックももっている。初球の入り方に関しては、澤村よりもできているところがあります。いかに低めのコントロールが大事か、ということも、重々わかっているピッチャーでしょう。頭のよさもあると思います。

頭がよくて、うまくて、器用で、テクニックももっている。しかしながら、それらの特徴から生まれるピッチングは見る者をワクワクさせるものではなく、固唾《かたず》を呑むようなものでもないんですね。

何度も言いますが、器用だから悪い、ということではないんです。器用さを生かして力でねじ伏せることもできるのに、斎藤の場合はそうではない。ただたんに器用で、かわそう、かわそう、というピッチングになっている。

バックスイングが小さく、なおかつ腕の振りも小さいフォームは、その表れです。コントロールはよくなるフォームではありますが、球威という部分で物足りない。数字にして一四五キロが出ても、どうしてもボールを置きにいくので、数字ほどの威力がない。澤村のように「抑えてやろう」という欲があまり感じられないんですね。

それでも、斎藤が一年目で六勝と結果を残したのは事実で、シーズン終盤にかけては投球イニングも増えていきました。九月十日の楽天戦では田中将大と投げ合って、プロ初完投も果たしました。が、かえって田中との格差を感じた方は多かったんじゃないか。

斎藤佑樹というピッチャーは、〈甲子園の優勝投手にして東京六大学のヒーロー〉という看板を背負ってプロに入ってきました。「ゴールデンボーイ」と言われるだけの話題性、スター性も十分にある。でも、澤村と同様、実力的に「エース候補」といえるかと問われたら、私は疑問符をつけざるをえません。

このように、即戦力となった同じ大学出の新人投手でも、エースになりうるのか否か、という目で見れば、おのずと違いが出てきます。

もちろん、これはあくまでも自分自身の野球観、投手観に根差した見方です。斎藤がエースになる可能性はゼロではないし、逆に澤村だって、どこでどうつまずくかわからない。

私の経験上、プロ野球という世界は、それだけ夢のある世界であり、厳しい世界であり、特殊な世界でもあります。そのなかで一つ確実にいえるのは、「エースとは、だれもがなれるものではない」ということ。

ならば、「エースの資格」とは何か。転機を経て、投高打低となった日本のプロ野球界において、「真のエース」と呼ばれるのはどういうピッチャーなのか。

自分なりの考えをこれから述べていきたいと思います。

第1章

エースの資格

オールスターゲーム第1戦に先発、全パの代打·加藤秀司を抑え、前人未踏の9者連続奪三振を達成する
（1971年7月17日、提供:毎日新聞社／PANA）

1 エースはだれもがなれるものではない

野球のシステムが変わってエースが出にくくなった

一九六〇年代から八〇年代にかけて、私が現役でやっていた当時とくらべて、プロ野球のシステムが大きく変わったいまの時代――。

アメリカ球界にならって、日本球界でも投手分業制がすっかり浸透しました。いま現在、一二球団どのチームも、先発、中継ぎ、抑えという起用法を確立しないと勝てなくなっています。これは二〇一一年に両リーグで連覇を成し遂げた中日ドラゴンズ、福岡ソフトバンクホークスの投手陣しかり。とくに、中日の浅尾拓也、岩瀬仁紀という両リリーフ投手の活躍ぶりは、先発陣よりも目立ったほどです。

いかにして勝つか、と監督が考えるとき、いちばん勝つ確率が高い起用法を選択するのは当然です。中日・落合博満前監督の場合には、「浅尾、岩瀬を登板させるパターンがもっとも勝率が高い」ということを踏まえた戦い方をしていた。必然的に、先発以上にリリーフのほうがスポットライトを浴びやすくなります。

そういうチームが優勝する時代ですから、先発した投手が一試合を一人で投げ抜いて、完投して勝つのは、なおさら難しくなっている。かつてのような「エース」が出現しにくくなった部分はたしかにあると思います。

じゃあ、いま現役の投手のなかにエースと認められる人がまったくいないかといえば、決してそんなことはありません。また、先に澤村のことをお話ししたように、「これからエースになりうるだろう」と思わせる投手もいないわけではない。

ではあらためて、日本のプロ野球における「エース」とはどういう投手なのか。

われわれの時代、あるいはそれ以前も含めて、かつては一チームに必ず一人はエースと呼ばれるピッチャーが必要でした。それがいまの時代は、極端にいえば、エースを必要としていないんです。先発できる主力投手が三人、四人いればいい。

言い換えれば、各チームの方針として、二〇勝投手を一人つくるよりか、一〇勝投手を三人、四人つくっておけばいい、という時代ですよね。

その方針がいいか悪いかと問われても、明確な答えは出ないと思います。二〇勝投手が一人いてもチームが優勝できないこともあれば、一〇勝投手が四人いて日本一になれるときもあるのですから。

ただ、われわれのような評論家も含めて周りでプロ野球を見ている方、ファンの方からすれば、二〇勝投手がいなくて一〇勝投手が四人いるだけでは何か物足りない、という印象はあるんじゃないでしょうか。たんに安定して勝てる投手の駒がそろっていればいい、というんじゃなしに、監督、コーチから「困ったらこの男でいく。この男で負けたらしょうがない」と言われるピッチャーがいてほしい。

「ほしい」と思って、大金を積んでＦＡの選手を獲ってきて、エースに据えるのは、それはそれで手っ取り早いでしょう。ある意味、いまはエースもお金で買える時代。でも本来なら、生え抜きを育てるのがいちばんいい。

プロの世界には、ときに「ドラフト一位の選手でもなかなか思いどおりに育たない」という難しい現実があります。それでも、球団の編成の方が考えて、スカウトの人が苦労して目をつけて引っ張り上げた選手が、しっかりと自分で成長して、いずれエースになってくれるのが何よりです。

少なくとも、私自身にはそんな思いがあるけれど、実際にいま、そういうピッチャーが少ないのは事実です。いないことはないけれども、少ない。それは、時代が必要としなくなった、チームが必要としなくなった、という側面もあるからなのです。

「カラスは白い」といえば「白い」と納得させるのがエース

はっきり言って、エースと主力投手とはまったく違うものです。チームの先発陣はみんな主力で、リリーフ陣だって主力ですが、それらとエースとは次元が違う。投手陣のなかでの役割からいえば、エースというのは、その人を中心にローテーションを回せるピッチャーを意味します。

先発陣に一〇勝投手が四人いたとしても、これはみんな主力投手であって、エース以外の人を中心にローテーションが回るかといったら、そうじゃないですよね。仮にエースがいて、その人が欠けた場合、主力のなかの二番手にその座が移るかもしれないですが、それはあくまでも臨時代行のようなものでしょう。

そういう意味では、まず代わりがいないのがエース。これは四番打者も同じであり、いまの時代であれば抑えも含めて、本来、「チームの顔」に代わりはいないのです。

チームの顔たるエースは、「先発したら勝って当然。彼で負けたらしょうがない」と周りから言われるピッチャー。それも大事な試合——開幕戦であり、後半戦の頭であり、〝天王山〟と言われる試合であり、短期決戦であり、そこで負けてもファンの方が納得できる存在。

当然、それだけのエースには、昨日、今日ですぐになれるものじゃない。ある年にチームの勝ち頭《がしら》になったら、翌年以降も勝ち頭でありつづけないとエースとは呼ばれない。そのためにはやはり、日々の積み重ね、一年一年の積み重ねが大事になります。

そうして積み重ねていったところで、自分から「俺がエースだ」と口に出すような人はいませんよね。あくまでも周りから認められるものであり、結果のみならず、ふだんの行動、言動、もしくは無言の態度でも周りを認めさせるのがエース。あの人がこう言ったんだから、あの人がこうしているんだから、こっちは何も言えない、という雰囲気に自然となっていく。

たとえば、私が阪神に入団したとき、チームには村山実という大エースがいました。当時、この方がすることは、たとえ常識的には考えられないことでも、周りの選手は納得するしかありませんでした。

極端な喩《たと》え話をするなら、村山さんが「おい、カラスは白いぞ」と言えば、白いんです。

「そんなアホな、カラスは黒いもんですよ」とみんな思うんだけど、文句を言えない。「ああ、そうですか、カラスは白いんですね」と答えるしかない。

それが絶対的なエースであり、四番打者であり、「チームの顔とはそういうものなんだ」と、村山さんに教えられました。「結果だけが絶対的なものじゃなしに、その人の言動、行動が周りにもたらす影響力までもが絶対的なんだ」と。

私は、現代のプロ野球では数少ないエースと呼ばれるピッチャーにも、そういう絶対的なものをもってもらいたい。その点でいえば、日本ハム、ソフトバンクをそれぞれ引っ張ってきたダルビッシュ有、杉内俊哉の両投手はもっていると思います。東北楽天ゴールデンイーグルスの田中将大ももちはじめつつあるといえる。

じゃあ、「球界の盟主」と言われる巨人ではいまだれがもっているか。はじめに述べたように、澤村というエース候補は出現しましたが、残念ながら、ダルビッシュや杉内ほどのエースはいません。悲しいかな、同じ伝統球団の阪神にもいない。強《し》いて挙げれば、リリーフ陣のエースとして藤川球児がいるぐらいですね。

言い換えれば、二〇一一年、一二球団のうち一〇球団には、われわれの時代に通じるようなエースがいなかったんです。しかも二〇一二年、ダルビッシュは海を渡る決断をした。

これがはたして、いいことなのか悪いことなのか、賛否両論あると思うけれど、私自身は、チームづくりというのはそれでいいとは思いません。エースであり、四番であり、抑えであり、特別な存在がいてはじめて、ほんとうに強いチームができると思う。

突きつめればやはり、エースはだれもがなれるものではない。みんながめざしているんだけど、だれでもなれるようなポジションではない。それがチームの顔というものであり、チームのエースなんです。

「勝ち負けはすべて自分が背負う」ダルビッシュと杉内にエース像を見る

エースの資格、条件とは何か。言葉で挙げるなら、いろいろと出てくると思いますが、現代のエースがどういう存在なのかを解き明かしていくことで見えるものもあるはずです。

まず、ダルビッシュについては、残している結果、内容は言うまでもなく、彼の考え方はエースそのもの。もう完全に、ほかの投手とはまったく違う次元で野球をやっていますよね。それはふだんからの彼の発言、もしくは登板後のコメントからも感じ取れる。「こいつは考えていることが違うな」とか、「そこまで自分で責任を負わなくてもいいのにな」と思うことがよくあるからです。

私に言わせれば、ダルビッシュはいちばん「ピッチャーらしいピッチャー」。かつて自分たちがめざしてやってきたものに関して、後を継いでくれているような印象もある。その前には野茂英雄という男がいたけど、彼はもう引退してしまったから、いま現在はダルビッシュがその筆頭です。

もう一人名前を挙げるなら、結果と内容は若干《じゃっかん》ともなわない部分はあるけれど、杉内俊哉。彼もやはり考え方がしっかりしている。たんなる「勝った、負けた」の結果だけで満足しないピッチャーです。

結果というのは、最終的にはチームが勝つ、ということですよね。そのなかで先発ピッチャーは、どうしたら勝利の確率が高くなるか、つねにマウンド上で考えている。その確率を左右するのが、各バッターとの戦いです。

対バッターにかなりの神経をつかって投げるのはピッチャーとしては当然ですが、杉内の場合、その気持ちが強いからこそ、たとえ試合に勝って自分に勝ち星がついたとしても、各バッターとの勝負で「やられた」と思うことが多いと満足できない。実際、彼はリードした場面で降板しても、ベンチに帰るとよく険《けわ》しい表情になっていますよね。

反対に、その試合には負けたとしても、確率を高める仕事ができたと思えれば「次につながる」と納得できる。そのあたり、彼の発言、試合前もしくは登板後のコメントに表れていますし、しっかりした考え方をもっているな、と感じ取ることができます。

結局、「エースたるもの、勝ち負けはすべて自分が背負う」のが大事で、ダルビッシュも杉内も、それを重々わかって野球をやっています。何より彼らは、結果が悪くても言い訳しないでしょう？　そこが私には「エースらしいな」と思えるところなんです。

無失点記録が途切れた日に見えたダルビッシュのエースらしさ

二〇一一年のダルビッシュは最多勝のタイトルこそ逃したものの、自己最高の一八勝を挙げて奪三振王。五年連続の防御率一点台はとてつもない記録です。

それだけの数字もさることながら、私が彼のエースらしさをまざまざと見させてもらったのが、六月十五日、甲子園球場で行われた対阪神戦でした。この試合の前まで、ダルビッシュは三試合連続完封勝利を記録し、連続イニング無失点の記録もかかっていた。その記録は四七イニング目に途切れ、試合にも敗れたけれど、八回完投で一〇奪三振とエースの責任を十分に果たしています。

ただ、それ以上にすばらしかったのが、「ピッチャーはたんに投げるだけが仕事ではない」とあらためて思わせてくれたプレーです。

初回、二死一塁から、新井貴浩にセンター前ヒットを打たれた場面。センターの糸井嘉男が打球処理にもたつくと、一塁走者の鳥谷敬が二塁ベースを蹴った。糸井は三塁に送球したのですが、ボールが逸《そ》れてサードの今浪隆博は捕れない……。私は「ついに無失点記録が途切れるか」と思いました。

ところが、なんとそのとき、ダルビッシュがベースカバーに入っていて、それも必死になって逸れたボールを捕ったんです。

私も投手として経験がありますが、ふつう、二死一塁の場面でシングルヒットを打たれたプロのピッチャーは、まずベースカバーに行きません。たんなる一失点とチームか自分が負けるときとは違う。だから一点を争う試合終盤の八回、九回ならともかく、初回では一〇〇パーセント行かない。ましてや勝てる投手、エース級の投手ほど動かないもの。「走られてもせいぜい一、三塁だ」ぐらいに考えて終わります。

にもかかわらず、エースが動いたんです。この一瞬のプレーを見て、私は大いに頭が下がりました。超一級品のボールをほうって、プロ野球の最高峰に立つ「日本のエース」が、高校野球でもめったにやらないベースカバーを見せてくれたんですから。じつに尊いプレーですし、プロのピッチャーとして最高の見本だと思いましたよ。

そして、無失点記録が途切れた三回、二死三塁の場面。結果的にダルビッシュはみずからの暴投で失点したんですが、このとき、まだ序盤で〇対〇だというのに、日本ハムの内野陣は前進守備を敷いていました。つまり、チームを挙げてダルビッシュの無失点記録を続けようとしていたのです。

このシーンを見て、ダルビッシュがいかに監督、コーチ、ナインに大事にされているかを実感し、チーム全体に与えている影響力の大きさを感じ取りました。絶対的なエースとは、そのように無言でチームを動かせる力をもつものなんです。

杉内と和田、館山と石川、どちらがエースなのか

一方、杉内にとっての二〇一一年シーズンは、やや不本意なものだったかもしれません。二ケタ勝利が四年連続で途切れての八勝七敗という成績は、それで「エース」と呼べるの

か、と思われる方もいるでしょう。

しかしながら、勝ち星は打線とのからみがありますから、八勝でも一概に物足りないとはいえません。相手もエースにはエース級をぶつけてきますし、防御率一点台だったことを踏まえると、この一年は打線の援護に恵まれなかったと考えるしかないと思います。

チームにはもう一人、同年代で同じ左腕の和田毅がいました。二〇一〇年は和田が最多勝でMVPに輝き、一一年も勝ち星をくらべれば、和田は杉内の倍。それでも完投数は杉内のほうが三試合も多く、やはり、勝ち星だけでは比較できない部分があります。

杉内と和田は「両エース」と呼ばれることもあったけれど、周りの選手たちが二人を見る目はまったく違ったと思う。みんな、杉内には敬服していたんじゃないでしょうか。

和田は入団以来、五年連続で二ケタ勝利を挙げるほどの成績を残しました。二〇〇九年は故障もあって不調に終わったものの、ケガに泣いた時期なら杉内にだってあります。人間だから故障で戦列を離れるときもある。ほんとうはあってはいけないことだけれど、あるのも当然。

問題は、一軍から離れたときに、どのような行動をとるか。なおかつ、どれだけ早く一軍に復帰しようとしているか。そのために努力する、という言葉が合っているかはわからないけれど、復帰しようとする姿勢を周りのみんなが見ています。その言動や行動から、和田が悪いわけではないにせよ、杉内のほうが一目置かれていたのではないかと思っています。

実際、二〇一一年の日本シリーズでは和田が開幕投手を務めて好投しましたが、王手をかけて迎えた第六戦では初回に失点してしまった。そして翌日の第七戦、勝てば日本一が決まる〝天王山〟、杉内は七回を三安打無失点の好投で勝っています。

短期決戦の大事な試合で勝てる、たとえ勝てないまでも、ぶざまな投球をしないのもエースらしさだと思います。

杉内は巨人へ、和田はメジャーリーグと、そろって新しい挑戦の道を選んだ二人が今後エースと呼ばれる活躍を見せられるか、じっくりと見守りたいところです。

ところで「両エース」という意味で、「どちらがほんとうのエース?」と問われたとき、答えるのがいちばん難しいチームは東京ヤクルトスワローズでしょう。館山昌平、石川雅規、ともに四年連続で二ケタ勝ち、ほぼ同じような数字を残してきましたからね。私自身、いずれもデビュー以来ずっと見てきています。館山は二〇〇九年に最多勝を獲りましたが、石川もその前年に防御率のタイトルを獲得した。

やはり答えを出すのは難しいですね。

ただ、あえて私なりに答えを出すとしたら、「どちらもエースではない」。なぜかといえば、お互いに遠慮しているから。たとえば、館山が最多勝を獲ったなら獲ったで、エースの座を奪いにいくぐらいの姿勢を見せてもいいところを、「エースは石川さん」とコメントしていたあたりは象徴的でした。

また、勝ち星にしても、石川は十年かかって一〇〇勝です。いまの時代、六、七年で一〇〇勝すれば「おお、立派だな」といえるけれど、十年かかって一〇〇勝ということは年間一〇勝。まさに一〇勝投手、エースではなくて主力投手の一人としかいえない。「エースといえば二〇勝が当たり前」の時代に生きた私からすれば、「年間一〇勝でなにがエース？」と思わず言いたくなってしまう。

石川がそれでも評価されるのは、一七〇センチに満たない身長、人より恵まれない身体でよくやっているという、ある種の意外性があるからでしょう。でも、それはあくまでも同情ですよ。〇対一で負けて、「よく投げた。惜しかったな」と言われるのとおんなじで……。

石川については、ヤクルトの「主力投手」として私は高く評価します。でも「エース」とまではいかない。「左のエース」といえば、過去にすごい人がいるんですから。

われわれの時代に輝いていた左のエースの最高峰・鈴木啓示

私がプロ野球とかかわって四十年あまり経ちますけど、日本のプロ野球で「左のエース」といえば、なんといっても金田正一さん。トータルで四〇〇勝という数字は、これはもう曲げようのない事実ですからね。左、右を問わず、「金田正一が日本のナンバーワンピッチャー」と言ってもおかしくないでしょう。

ただ、いっしょにやってきた同年代の仲間で「左のナンバーワン」といえば、私は鈴木啓示の名前を挙げたい。

私の場合、鈴木啓示は高校時代から見てきて、まさに彼のすごさを目の当たりにしました。それに加えて、私は彼のおかげで〝天狗の鼻〟が折れて、野球に対する考え方も変わった。大阪学院高校時代の私は、まったく怖いものなしでやっていたんですね。ところが、兵庫・育英高の鈴木という投手をはじめて見たとたん、「高校生でこんなヤツがおるんか?」と驚きました。上には上がいることを教えてくれたのが鈴木だったんです。

同年代といっても、学年は鈴木のほうが一つ上。それにしても「すごいピッチャーだ」と脱帽させられました。

ふりかえってみると、はじめての出会いは、私が高校二年で鈴木が三年のときの練習試合。それまで「育英の鈴木」という名前は聞いていましたが、実際にこの目で見て、「おお、カッコいいピッチャーだな」「はぁー、すごいな」と。

それこそ、その後、漫画で流行《はや》った『巨人の星』の星飛雄馬じゃないけれど、見た目からしてまずカッコよかった。右足を高く上げて、オーバースローで、胸を張って投げてくるあのスタイルには、同じ左ピッチャーとしてあこがれました。

なおかつ、真っすぐが速かった。しかもカーブというボールをもっている。そもそも当時、左ピッチャーでカーブをほうれるピッチャーはそんなにいなかったんです。いたとしても、鈴木ほど大きなカーブを投げるピッチャーは、私が見たなかにはいなかった。「バケモンかいな」って思ったのが第一印象です。

当然、鈴木のほうが一年早くプロに入って、彼のあとを追いかけるように、私もプロの世界に入りました。鈴木は当時の近鉄バファローズ、私は阪神タイガースとリーグは違ったけれど、ずっと彼を意識しながら野球をやっていた気がします。やっぱり、「あいつには負けたくない」という気持ちはいつももっていましたからね。

それが、奇《く》しくもプライベートではけっこう仲良くなって、よくいっしょに遊びにいったものです。年上なのに「スズちゃん」と呼ばせてもらう間柄で、いまもそれは変わりません。

でも、いっしょに過ごす時間が長かったわりに、彼とはほとんど野球の話はしなかったですね。当時はお互いに若かったから、女性の話であったり、食い物の話であったり。私はお酒が飲めなかったけど、彼はけっこう飲むほうで、なんだかんだとしゃべったものです。

そんな鈴木は、歴代四位の通算三一七勝を挙げています。四六〇〇を超える投球回、三〇六一個の奪三振も史上四位で、三四〇完投は三位、七一完封は五位。どれも日本プロ野球の投手のなかで五本の指に入っている。

けれども、私が個人的にいちばんすごいと思う鈴木の記録は、歴代一位の通算五六〇本という被本塁打数。二位の山田久志が四九〇本ですから、ケタ違いですよ。それだけ打たれてもマウンドに上がったんだから、たいしたものだと思うんです。

私自身が打たれたのは二九九本ですけど、打たれるたびにスタンドをふりかえるわけですから、大概、首が痛くなったものです。それが鈴木は倍近くふりかえって、そのたびに首を振っているんだから、よくむち打ち症にならなかったものです（笑）。

ともかく、その肉体的な強さ、精神面の強さには感服させられますね。

2 エースたるもの、わがままであれ

打線に「しっかり打ってくれ、俺が抑えるから」と言える強さ

先発投手が完投しながら〇対一で試合に負けたとき、周りから同情の言葉がかけられるかもしれません。その言葉を受けて、「ああ、俺はがんばったのにな。打線が打ってくれなかったな」と、みずから逃げの気持ちになってしまうこともあるでしょう。

それでは「主力投手」であっても、「エース」とは呼べません。エースだったら、「おい、打線、しっかり打ってくれよ」と言えるぐらいじゃないといけない。言ったかぎりは「俺もちゃんと抑えるからな」と言えるピッチャーであってほしい。

チームメイトと仲良く和気藹々《わきあいあい》として、十年、十五年と続けられるピッチャーがエース、ではないんです。エースとは近寄りがたいものですから。

いまのプロ野球の世界ではとくに、どのチームでも、ふだんは仲良くやっていますよ。ダルビッシュにしても、杉内にしてもそうでしょう。でも、実際に戦いが始まれば、近寄りがたいものがあると思う。

これはバッターにしても同じで、かつての巨人ではONがバットを手にスイングを始めたとたん、周りの選手は近づけなかったそうです。そういうオーラのようなものをもっているのが、四番であり、エースであり、チームの顔なんだと思う。

当然ながら、私が阪神に入ったときの村山さんもそうでした。村山実という人は、とてつもなく大きな存在だった。なんといっても、私は高校を出たての十八歳のガキだったんですから。

いまにしてふりかえれば、これは笑い話になるかもしれないですが、村山さんが食事をしている姿から練習態度、ロッカールームでしゃべっていること、それこそストッキングはどちらの足から先に履《は》くのかまで、とことん見させてもらいました。それぐらいの大きな存在、それが真のエースだと思いますね。

かといってこちらも、ただたんに村山さんの真似をするんじゃなしに、やはり「自分もそうなりたい。そうありたい」という願望から、しっかりと見て、しっかりと聞いた。そのようにしてみると、村山さんの言動、行動、一挙手一投足が、阪神というチームに大きな影響を与えていることがわかったものです。

これには人間的な性格もあると思うけど、たとえば、選手が四、五人で雑談しているところに村山さんが入ってくる。それまでワーッと楽しくしゃべっていたのが、一瞬にして静かになる。そういうものですよ、エースというのは。

決して大げさな話ではなく、ある種の恐れ、畏怖《いふ》の念を感じる存在。

みんながなりたくてもなれないポジションですよね。こうして村山さんのことを思い出すと、「エースの条件」をすべて満たそうとがんばったところで、なれないかもわからない。でも、なれるものならみんながなりたいと思っている。

なりたい、という気持ちをもつことは大事だと思う。ただ、いろいろとあるエースの条件を知ったとして、ゼロの段階から一つひとつ条件をクリアしていこう、などと考えるピッチャーがもしもいるとしたら、それはレベルが低すぎます。

そうじゃなしに、まず勝てるピッチャー。その勝てる理由をあとから探していったら、「これが条件なんだ」と周りが納得する。エースと呼ばれる人をつぶさに観察してみたら、これだけの条件を満たしていたと気づくようなものじゃないでしょうか。

なおかつ、勝てることによって、多くを語らずとも、無言の力でもってチームに大きな影響を与えている。それが私の考える真のエースであって、先ほど例に挙げたとおり、ダルビッシュにも無言の力があるということです。

村山さんの「無言の力」を実感したエースの特権

私自身も「エースになりたい」とか「エースをめざそう」と思ったことはありませんが、一投手としては当然、村山さんを目標にしました。そのなかで、村山さんがチームに与える影響をいちばん実感したのがボールです。

二〇一一年から日本球界も、アメリカにならって統一球になり、一つのメーカーが製造するボールを採用しています。けれども、以前は各球団でボールのメーカーが違っていて、私が在籍した当時の阪神は主催ゲームでは、久保田という用具メーカーのボールを採用していました。

このメーカーのボールは縫い目が高いのが特徴で、「村山さん仕様」と言ってもよかった。なぜなら、フォークボールを武器とする村山さんにとっては、握るときに縫い目が高いほうがいい。要するに、阪神はエースに合ったボールを採用していたんです。「エースの特権」

ともいえるでしょう。

ところが、私は縫い目が高いボールは嫌いだった。理由はマメができて痛くなるから。そこで自分が登板する日の試合前、メーカーの担当の方にお願いして、およそ一〇ダースぐらい、ゲームで使うボールを金槌《かなづち》で叩いてもらい、縫い目を低くしていたんです。

その作業を見て、村山さんがどれほど怒ったか……。私は「自分の意志でやってもらっているんです」と言った。すると村山さんは「わかった」と答えて、「終わったあとで俺のところに来い」と言われた。そうして二人で話し合いをもったことがありました。

縫い目が高いボールが好きな人は、当時の阪神では少なかったはずです。でも、それを「嫌いだ」と堂々と言える人はいなかった。それなのに私は、若かったこともあるけれど、怖いもの知らずにやっていたんでしょう。だからメーカーの担当の方も、最初、私がお願いしたときには顔が強張《こわば》りましたよ。「そんなことできません」と。それでも私は「俺が投げるんだからやってくれ」と言っていたんですね。

阪神に入って二年目の夏を過ぎたころでした。実際のエースは村山さんでしたが、その時期は、私を中心に先発ローテーションが回っていた。それは若いなりに自分でもわかっていたので、あれほど強く言えたんだと思います。

ただし、そうであってもほんとうは、エースのすることに逆らう、と言ったら語弊があるけれど、違ったことをやるのはよくない。私のようなことを平気でやったら、極端にいえば、チームから非難を浴びても仕方がない。それぐらいの無言の力をもっているのがエースなんです。

そういう意味では、いくら自分を中心にローテーションが回ろうが、村山さんを超えられるなどとは思っていませんでした。最終的に周りが「エースは江夏だ」と言ってくれて、村山さんもそう言ってくれたけど、私自身はそんな気持ちはさらさらなかった。やはり、目標はあくまでも目標としてあるものなんです。

入団三年目、はじめて開幕投手をまかされたときには、たしかに「自分も主力投手になってきたんだな」とは思いました。が、やはり「自分がエースだ」なんていう気持ちはなかった。村山さんが現役でいるかぎり、目標でありつづけるわけですから。

いまにしてふりかえると、一九七二年のシーズンオフ、村山さんが阪神を離れてからですかね、心の中にエースの自覚らしきものが芽生えはじめたのは。そのときには「ベテラン」と呼べる先輩方が少なくなって、周りを見ると、上田二朗、古沢憲司、谷村智博といった同年代のピッチャーが伸びてきていました。そこではじめて、自分がチームの柱、エースにならないと、という気持ちになりましたね。

そうなると当然、周りも見る目が変わってきますから、チーム内でもつねに見られていることを意識しはじめる。

だからこそ「チームの顔」なんです。文字どおり周りから見られる「顔」なんですよ。あるいは「たえず背中に視線を感じる」というやつですよね。それがしだいに重荷になっていくんでしょうし、エースと呼ばれるからには、その重荷に自分自身で打ち克《か》っていかなきゃいけないと思います。

タイトルを獲ることでエースの座に重みがつく

周りから見られることへの意識という意味では、二〇〇勝投手、工藤公康のある言葉が思い出されます。彼が一時期、ことあるごとによく言っていた「自分はエースじゃない」というコメントです。

この言葉、ファンの方には少し物足りなかったんじゃないでしょうか。たしかに、私も物足りなかったたし、それは本人の性格的なものもあったんだろうと思います。

ただ、そこで私が一つ考えたのは、「自分はエースじゃない」と言っている人間ほど、内心は「自分がエースだ」と思っているんじゃないかということ。過剰に意識している裏返しかもわからないですね。意識していることを知られたくないというのか、「えらい逃げてるな」「自分を隠してごまかしてるな」と感じましたから。

逆にいえば、それこそ前に述べたとおり、「俺がエースだ」なんて言うピッチャーはいない、ということですよ。つまり工藤の場合、周りから「エースだ」と言われていることに対して、変に必要もなく自意識過剰になっていたんでしょう。いくら本人が「エースじゃない」と言ったところで、その役割は引き受けないといけないんですけどね。

あらためて、エースとは言葉じゃない、無言の力なんだと思いますし、なおかつ、本人の行動もしくは周りが認めている部分、どちらも当てはまるでしょうね。

ところで、周りがエースと認めるという意味で、タイトルを獲ることも大きいんじゃないかと私は思っています。

タイトルは、プロ野球選手にとっての勲章です。よく「無冠の帝王」などと言われますが、やはり、打つほうで四番だったらホームランであり、打点であり、打率であり、投げるほうでエースだったら勝ち星であり、防御率であり、奪三振であり、そういった各部門でのタイトルを獲ってはじめて、その座に重みがつくんじゃないか。勲章を得ることで、言動の一つひとつにも、いい意味での重みが増していくと思います。

私自身、最多勝なり、防御率なり、タイトルを獲ったあとは投手としての自信も深まり、野球に対する意識もいい方向に変わりました。

それから、これはいいことなのか悪いことなのかはわからないけれど、一度あるタイトルを獲ると、それを守りたいという気持ちが出てきた。タイトルを土台に「ホップ、ステップ」といきたい思いと、それ以前に、なんにしろタイトルを守りたい思いが両方ありました。それが欲なのか、それとも実際には保守的になっていたのか、いまふりかえってみてもわからないところはありますが、私にとってタイトルとは、どちらかといえば守りたいものでした。

ピッチャーなら、たとえば年間に一〇勝したら、次の年は最低でも一〇勝、あわよくば一一勝、一五勝したい。欲もあるでしょうが、それが人間の真理だと思います。

ただ、口で簡単に「一五勝したい」と言っても、すぐにできるものではないですよね。一〇勝できたことを忘れて、階段を一気に二段、三段と昇ろうとすると、転んでしまう。やはり、まずは前年と同じ、最低でも一〇勝するためにはどうしたらいいのか。そのことを自分から、周りに言われなくてもきっちり考えられる。それが大事だと思います。

獲ったタイトルを守ることは、つまりはそうやって、地道に階段を一段ずつ上がっていくことからしか生まれない。階段を踏み外したら、何も残らない。ある意味で私は、欲をかきすぎないようにするために、自分自身に対して、めざすことよりも守ることを課したのかもしれません。

だから、プロ野球選手には絶対にタイトルが必要だと私は思う。その選手の勲章になると同時に、好成績を続けていくための基盤になると思いますから。

ただし、タイトルといっても、新人王やMVP、ベストナインは記者の投票によって決まりますから、数字の上でトップを獲るのとはわけが違う。ちょうど、高校野球の春のセンバツと夏の大会の違いとおんなじ。センバツは選考されるものであるのに対し、夏は勝ち上がった者だけが出られる。

じゃあ、センバツは名誉じゃないのかといったら、そんなことはない。どちらにしても名誉なことなのだから、プロ野球選手たるもの、タイトルと名のつくものは、どんなかたちであれ、獲れるものは獲るべきと思います。

その点、エースと呼ばれる人には、沢村賞というタイトルがある。これはいま現在、記者ではなく、かつてエースだったOBたちが選考委員となって選ぶわけですから、日本のピッチャーにとっては最高の勲章だといえます。

キャッチャーに「わがまま」と言わせたダルビッシュ

近年、沢村賞に輝いたピッチャーのなかでも、やはりダルビッシュの成績はずば抜けていますよね。二〇〇七年に受賞して以来、一一年まで毎年二ケタ勝利を続けてきて、不思議と最多勝は獲っていないけれど、最多奪三振は三回、最優秀防御率も二回獲っています。

そんなダルビッシュがふだん、いかに考え、工夫して投げているか。二〇一一年の交流戦中に、はからずもよく見えるシーンがありました。

六月一日、札幌ドームでの対阪神戦。一対〇というスコアで無四球完封をやってのけた試合ですが、マウンド上のダルビッシュはかなりカッカして、イライラしている様子がこちらにも伝わってきました。おそらく、キャッチャーとの意思疎通がうまくいかない部分があったのでしょう。前年までは鶴岡慎也と組んでいたところが、一一年はその鶴岡がケガで戦列を離れたため、大野奨太と組むようになった影響もあると思います。

イライラしているということは、自分でほうりたいボールがある、ということです。それをキャッチャーの大野が選択していないだけであって、やはりダルビッシュなりに工夫もして、考えもして、実際にピッチングのパターンを変えようとしていました。

そのあたり、あらためて、たいへんに能力の高い、頭のいいピッチャーだなと感じたものです。なおかつ、自分の投球スタイルというものを一本もっているな、と。当然ながら、自分なりに自分のいいところもわかっている。そこをキャッチャーがわかってくれていないと思うから、ついイライラしてしまう。

こうした態度は、キャッチャーに言わせれば「たいへんわがままなピッチャー」ということになります。事実、試合後のヒーローインタビューでダルビッシュと大野がお立ち台に上がったとき、こんなやりとりがありました。

インタビュアーが大野に対し、「ダルビッシュ投手はどういうピッチャーなんですか?」と質問しました。すると、大野はたったひと言、「わがまま」と言ったんです。そのとたん、ダルビッシュは「フフッ」と吹き出していた。バッテリーの関係性が垣間《かいま》見えた、とても印象的なシーンでした。

大野は大野で、苦労したはずです。でも、あとから考えると楽しかったんだと思う。それほど考えて野球をする経験は、彼自身、これまで再三はなかったでしょうから。

私に言わせれば、ピッチャーが「わがまま」なのは非常にいいことです。ところがいま、ちょっとしたインタビューでも優等生的にふるまうピッチャーが増えているから、どんどん個性がなくなっていく。

もっともっと、プロのピッチャーは「わがまま」になっていい。とくにエースと呼ばれる人間はそれでいい。というか、「わがまま」な人しか真のエースにはなれない。

キャッチャーだって、正捕手ともなれば「わがまま」なところがあっていいんです。「わがまま」な選手ほど、いろいろと考えて、工夫している証《あかし》なんですから。

そして、そんなピッチャーが増えていくと、バッテリーとバッターの対決もおもしろくなると思います。現に「わがまま」なピッチャーが多いのが近年のパ・リーグなんでしょうけど、セ・リーグにもそんなピッチャーがどんどん出てきてほしい。

私としては、ピッチャーにかぎらず、「日本のプロ野球選手よ、もっともっとわがままになれ！　優等生はいらない！」と声を大にして言いたいですね。

3 一人の投手がエースに育つプロセス

ほんとうに「いい」コーチは「みずから教えない」

一人の若い投手がエースと呼ばれるまでに成長していくには、いい指導者とめぐり会うことも必要です。しかしながら、「将来のエース候補」と期待される新人投手の場合、指導する側に難しさがあると思います。

わかりやすい例が、日本ハムの斎藤を指導するピッチングコーチ。この先、斎藤がエースになりうるか否かは別にして、彼にとってのプロ一年目のキャンプ、担当の吉井理人コーチには期待感のみならず、ある種の戸惑いもあったんじゃないでしょうか。

吉井コーチは現役時代、近鉄とヤクルトで活躍して、メジャーリーグも経験して、それなりに投手としての実績を残して指導者になった人です。年齢的にも四十代後半になって、コーチとしても経験を積みつつある。

でも、鳴り物入りで入ってきた新人に対して、フォームをはじめ技術的な問題点にコーチが気づいたとして、あまり強く言えるものじゃないですよ。高校生ならともかく、即戦力を見込まれる大学生、社会人はある程度、それぞれに完成されたものをもっていますから。

とくに斎藤の場合は、あらゆる意味で「球団の財産」でしょう。そういう立場の投手をコーチの権限で育てるのは大いにけっこうだけれど、万が一つぶしてしまうことを考えたら、なかなか強く言えるものじゃない。

これは想像の域を出ませんが、大学時代の監督でさえ、斎藤に対してはあまりアドバイスはしなかったんじゃないのかな。細かいコントロールであるとか、技術的なことに関しては、そんなに言わなかったと思う。というのも、自分一人でできるだけの能力はもっているピッチャーですから。

ダルビッシュに関して、以前に日本ハムでピッチングコーチを務めていた佐藤義則（現・楽天コーチ）に聞いてみたことがあります。「技術的に何かアドバイスしているの？」と。すると佐藤は「本人から相談を受けたら、乗ります。こっちからはいっさい言わないですよ」と言っていた。

コーチとして十分な実績のある佐藤でさえ、そうなんです。言い換えれば、それがプロでは「いいコーチ」なんです。

いまやチームには、たくさんのコーチがいる時代。一二球団でいちばん少ないチームでも、監督を含めて一軍には八人の指導者がいて、多いところでは一〇人以上もいる。私が阪神に入った当時は監督のほか、ヘッド、打撃、投手、守備、走塁の各コーチが五人ほどでしたから、倍以上はいることになりますね。

そのなかでコーチ自身、「人よりもいいコーチになりたい」と思えば、できるだけ選手に注文をつけていくものです。一軍と二軍とで若干、指導法に違いはあるにせよ、佐藤のようなコーチとは反対に「こっちから言う」人は多いと思います。

これはもう当然、親切心もしくは好意から、「なんとかうまくなってもらいたい。いい選手になってもらいたい」と、アドバイスは増えて、どんどん教えようとする。教えた選手が活躍したら、自分の勲章になりますからね。

実際、コーチはみんないいことを言ってくれますし、それぞれ間違ったことは言っていない。「こっちから言う」コーチにも、なかには、いいコーチもいるでしょう。

でも、選手からしてみれば、ある一つの技術習得に取り組むなかで、複数のコーチから異なる指導を受けたら戸惑いが生じます。すべてまともに聞いていたら、まずもって頭がパニックになってしまう。それでつぶれていった選手は過去に数多くいますよ。

コーチの指導に「聞く耳」をもちつつ取捨選択する

たとえば、バッターの話になりますが、私が西武に在籍した一九八四年、いまではソフトバンクの監督・秋山幸二がまだ入団四年目でした。前年まで秋山はファームにいて、野球留学ということでアメリカのマイナーでもプレーしていた。その年はキャンプから一軍でスタートしたので、私はたまたま、間近でバッティング練習を見る機会があったんです。

当時、西武のバッティングコーチは、ウォーリー与那嶺さんと黒江透修さんでした。どちらかといえば、黒江さんは身体が大きくなくてあまり体力がないから、「前で打て」と教えていた。かたやウォーリーは腕っ節が強くてパワーがあるから、「引きつけて打ちなさい」と教えていた。

コーチでもまったく意見が違うわけだけど、ウォーリーも黒江さんも、やはり間違ったことは言っていない。まして両方とも、「秋山は若くて素質あるバッターだけに、なんとかものにしたい。いい選手に育てたい」という気持ちがあるから、それはもう躍起《やっき》になって教えていく。

秋山はまじめな男ですから、終始、両方のアドバイスを素直に聞いていました。聞いて実践しようとしたために頭がパニックになって、ノイローゼになってしまった。この世界ではありがちなことです。

もっとも、秋山自身はその後、また別のコーチに出会って、選手として大成したからよかった。けれどもプロの世界、言われたことすべてをいちいち頭に入れて、いつまでも残しておく選手は少ないと思います。大概、右の耳から左の耳へ聞き流しているはず。そして、この世界はそれができる人間ほど「いい選手」なんです。

すなわち、コーチからの意見、アドバイスをなんでも鵜呑《うの》みにして、理解しよう、身につけようとするんじゃなしに、自分に合うものは採り入れて、合わないと思ったものは聞き流すか、早く切り捨てたほうがいい。これは自分にとって大事だな、これは違うな、と取捨選択、見極めができるかどうか。これも、その選手の能力の一つかもしれません。

ただし、チームという名の集団、一つの組織のなかでは、選手のほうで「聞く耳をもつ」ことも大事です。たとえコーチから自分には合わないようなことを言われたとしても、「はい、わかりました」と素直に聞いておいて、あとで取捨選択すれば、コーチとの関係に角が立たない。コーチのほうも「ものわかりのいいヤツだ」と思って、気分がいいでしょう。

それが聞く耳をもてなくて、「フン、そんなもん聞けるかい」というような態度をとると、「クソ生意気なヤツだ」と思われて関係がややこしくなる。そういう意味では、プロの選手にはある程度、要領のよさも必要だけど、どうするかは個々の考え方しだい。どうしても、指導者と合う、合わないはありますからね。

アマチュアからプロに入って、自分に合う指導者、いい指導者にめぐり会えたとしたら、それはあくまでも「運」でしかない。なぜなら、ドラフト制度ができて以降、逆指名の時代は別にして、選手は自分で入りたい球団を選べないんですから。仮に相思相愛で入ったとしても、そこに自分に合う指導者がいるとはかぎらない。別の選手にとってはいい指導者でも、その選手にはよくないかもわからない。

つまり「いい指導者」というのは、世間一般の「いい」ではないんです。周りから「名コーチ」と評されている人だって、自分にとってまったく合わなかったら、毒にはなっても薬にはならない。反対に「あいつは悪いヤツだぞ。個性のきつい、アクの強いヤツだぞ」と言われている人でも、自分にとってはものすごく「いいコーチ」なのかもわかりません。

自分にとって、いいのか、悪いのか。合っているのか、合っていないのか。合っている指導者にめぐり会えて、指導内容の見極めができて、なおかつ成功できたなら、現役を退いたあとにふりかえってはじめて、「自分は運がよかった」といえるんじゃないですかね。

ピッチャーにとって勝ち星が〝最良の薬〟になる意味

「運」といえば、「このピッチャーには勝ち運がある」といったことがよく言われます。不思議と勝ててしまう場合はたしかにあって、逆に「勝ち運がない」こともあります。

その点、二〇一一年のプロ野球は、統一球の影響もあって「投高打低」傾向になり、よく勝てるピッチャーがいた反面、好投してもなかなか勝てないケースが目立ちました。前に挙げた杉内もそうだし、澤村にもそういう面があった。

これは、「投高」でも「打低」だから、といえるのかもしれません。つまり、いくらピッチャーが相手打線を抑えられても、味方打線が「打低」であれば援護をもらいにくくなる。

実際、日本ハムの武田勝は、登板五試合連続で味方打線が完封されて五連敗という、史上初の記録をつくってしまいました。武田の防御率はその時点で一点台でしたから、「悲劇」としか言いようがないですよね。投手出身の私には、彼がそのときどんな気持ちでいたか、容易に想像がつきます。

あらためて、ピッチャーにとって、いちばん大事なのは勝ち星です。その勝ち星は本人だけの力で得られるものじゃなしに、打線とのからみがある。これはもう、なんぼ一生懸命にゼロに抑えても、味方打線の援護がなければ、よくて引き分け、一点取られただけで負けがつくケースがあるということです。

一方で、防御率というのは、味方が点を取ろうが取るまいが、ある程度、自分の力そのものですから、実力が数字としてはっきり出る。

ただ、その数字に含まれていないのは、精神的な余裕であるとか、気の持ち方です。すなわち、一点取られても、味方が二点、三点とすぐに取ってくれるだろう、というような気持ちで投げるのと、一点でも取られたらダメだ、一点もやれないんだ、という気持ちで投げているのとではおのずと結果が違ってくる。

一点もやれない、となると、どうしてもピッチャーは追いつめられて、ピッチングに余裕がなくなります。そういうときは、武田のように実力があり、実績があるピッチャーでも、結果的にあまりよくない。精神的余裕をもって投げられれば、もっともっといい答えが出ると思います。

だから、ピッチングは人生とまったく同じなんですよ。日々、暗い気持ちで生活するのと、明るく前向きな姿勢で生活するのとでは、先の人生も違ってきますよね。

そういう意味で、暗い側面を取り上げて、ピッチャーは「哀しい仕事」であるとか「つらい立場の職業」という見方もあるでしょう。私も長年、現役生活を過ごしているなかで、周りから「ピッチャーは孤独だ」と言われるのをよく聞いてきました。

じつは、私自身は、そんなふうに感じたことはないんです。

ピッチャーは、そもそも自分自身がボールを投げないと野球が始まらない立場に置かれ、なおかつ、自分一人の力だけでは絶対に勝ち星は取れない。先ほども述べたとおり、自分がなんぼゼロに抑えたって、味方がゼロだったら勝てない。となれば不愉快にもなるし、その点では孤独であり、つらい立場なのかもわかりません。

そこは考え方一つです。味方であるキャッチャーの協力、打線の援護があってはじめて勝ち星が手に入るんだと思えば、「孤独」だなんて言ってはいられない。

実際、試合中盤までに三点、四点を取られても、味方が五点、六点と取り返してくれることもあります。五回を投げきって四点は取られたけど、味方が六点取ってくれて勝ち星がついたら、気分がいいものです。「次はもっとがんばろう」という気持ちになりますから。

「がんばろう」という気持ちになれるのは、ピッチャーにとって、一つ勝つことが〝最良の薬〟だからです。そうして活力源を得るから、どんなに援護がなくて負けようが、ピッチャーは前向きになれる。「勝ち運」のあるなしも、言ってみれば考え方一つだと思います。

無神経なバッターにほど打たれてしまうことがある

「勝ち運」ということでファンの方が思い出されるのは、日本ハムの斎藤ではないでしょうか。彼はプロ一年目の開幕当初、まさに「運をもっている」とか「不思議と負けない」などと言われていました。

トータルの成績はともかくとして、すぐに結果がついてきたのは事実。ただし「不思議と」と言われるのは、結果オーライの側面がある裏返しでもあって、当初のピッチングを見るかぎりでは、打たれるときには〝投げ損じ〟が多かった。反対に、斎藤が助けられていたのは、相手打線の〝打ち損じ〟が多かったこと。

じゃあ、なぜバッターはまともにとらえきれないのか。

これはおそらく、バッターのほうに「斎藤は好投手」というイメージがあったからではないでしょうか。そのイメージはわれわれ評論家ももっていたんですが、相手バッターにイメージを抱かせて、考えさせたら、ピッチャーは優位に立てるんです。

たとえば、「好投手と言われる新人だ、打ってやろう」という気持ちが強すぎたら、それだけでいつものバッティングはできない。「好投手と言われるわりにボールが来ていない。もっといいボールがあるんじゃないか」と思ったら、迷いが生じる。気負って、迷って、必要以上に考えてしまって、相手ピッチャーの術中にハマるのはよくあることです。

その点、私がはじめてプロ入り後の斎藤を見た四月の楽天戦。四番の山崎武司、指名打者のルイーズは、斎藤のボールをもののみごとにスタンドに放り込みました。どちらかといえば配球をあまり考えないタイプの両バッターは、簡単に打ってしまった。

バッターによって、違いがあるんです。インコースに来たから次は外に来るんじゃないか、シュートの次はスライダーが来るんじゃないか、といろいろ考えるバッターもいれば、なんにも考えないで来たボールを打つ、無神経なバッターもいるわけです。

どちらがいいかといえば、本来は、考えるほうがいいんですよ。一般社会はどうかわからないけれど、野球界でいちばん困るのは、考えない無神経な選手。さまざまな場面、状況、もしくは相手に応じて、考えてくれる選手のほうがいい。ところが案外、無神経で成功するケースもある。

ふりかえれば、私が阪神から南海に移籍したとき。当時、ロッテでクリーンアップを打っていた有藤道世に、二試合連続でホームランを打たれたことがありました。それも自分としては二本とも、「絶対にこの球は振ってこない」という〝読み〟のもとに投げたボールですよ。

後日、有藤に「なんであの球を打ったんや？　なんか計算があったんかい？」と聞いたところ、返ってきた答えは、「なんにも考えてない。来たボールを打つだけ」。

だから、そういう無神経なバッターに対しては、こちらがどれだけ考えたところで打たれる、ということ。無神経を長所にして成功したいい例です。現に、有藤は通算二〇〇〇本安打を超え、すばらしい打撃成績を残しています。

マウンド上のピッチャーはつねにマイナス思考

無神経といったら失礼かもしれませんが、有藤にかぎらず、あの長嶋茂雄さんもそれで成功した方です。バッターは無神経でも仕事ができるんですね。

ただし、ピッチャーはやはり、無神経では務まらない。考えて投げなければいけない。私自身は何も考えずに投げたことはないし、考えに考えた結果、大事な場面で打たれたとしても、考えて投げることはやめなかった。

バッターが無神経でも成功するのは、つねに受け身だからです。極端にいえば、来たボールにただ反応すればいい。ピッチャーはそうはいきません。ピッチャーが投げないと野球は始まらないんですから、まず初球に何を投げるか、考えないことには投げられない。

そのときピッチャーは、「ここにこのボールを投げたら打たれるかもしれない」と、決まってマイナスの結果を想定します。反面、バッターは基本的に、マイナスの結果を想定して打席に入ることはないですよね。

ピッチャーは監督と同じで、たえずマイナス思考。監督というのは「この選手でダメだったら次はこうしよう。あの選手がケガをしたらこの選手を使おう」と、つねにマイナス材料を想定して、次の手、次の手を考えています。ピッチャーも「このボールを打たれたらどうしよう。これを見送られたらどうしよう」と、やはりマイナスになることばかり考えている。

打たれることを想定して、打たれないためにはどうすればいいかを考えているから、ピッチャーは抑えたシーンよりも、打たれたシーンばかり覚えている。反対に、バッターは打ったシーンばかり覚えているものなんです。

どんなに打っても確率は三割で、残りの七割は失敗しているのに、三割という数字が大事にされ、好打者の証とされるのがバッター。

かたや、防御率一点台で、八回までゼロに抑えていたとしても、味方打線がまったく打てなくて、九回にホームランを打たれただけで負けがつくのがピッチャー。ホームランを打ったバッターは前の打席まで無安打でも、たちまちヒーローになれる。

ちなみに、いくらピッチャーがマイナス思考といっても、ピッチャー出身の監督がすべて成功するとはかぎりません。むしろ、野手出身で成功している方のほうが多いですし、長嶋さんもバッターとしては何も考えていなかったけれど、いざ監督になったらすごく考えていましたからね。「長嶋監督」といえば、どちらかといえばプラス思考が目立つ傾向にあったけれど、それも考えたうえでのことだったはずですよ。

巨人のエースだった江川は考えて投げていなかった

じゃあ、考えないで成功したピッチャーは過去に存在しなかったのか――。

存在しない、と言いたいところですが、私がこれまでに見てきた、それなりに成功を収めたピッチャーのなかで、いちばん考えなかったのは江川卓だと思います。

言い換えれば、江川は天性だけで投げていた。

高校時代から「怪物」と呼ばれていた江川の場合、プロに入ってからの五年間こそ、ほんとうの「怪物」でしたよね。相手バッターが真っすぐとわかっていながら、その真っすぐを投げて空振り三振を奪えたんですから。

勝ち星にしても二年目に一六勝を挙げて、翌年には二〇勝して二年連続の最多勝。次の年も一九勝しているし、その三年間はすべて奪三振のタイトルも獲っている。たしかに、巨人でエースと呼ばれるだけの活躍を見せていました。

でも、私に言わせれば、後半の四年間は「並みのピッチャー」だった。「何も考えていないピッチャー」と言われても仕方なかったと思います。

意外に思われる方もいるでしょうけど、これはバッテリーを組んでいた山倉和博も言っていた話です。彼が現役を終えたあとに聞いてみると、「あいつほど考えないピッチャーはいなかったですよ」と語っていましたから。

そこで私が「じゃあ、どうやってリードしていたんだ？」と聞くと、山倉は「いつも胸元にミットを構えるんです」と言う。これには驚かされました。ふつうはアウトコースかインコースに構えるのに、相手バッターの胸元に構える。「それが江川の調子を見るにはいちばんよかった」と。そうすることで、本人も気持ちよくほうれていたらしいです。

考えてみるに、そういうピッチャーはめずらしいですよ。いわば、ほんとうに文字どおり、もって生まれた素材だけでやっていたピッチャー。

だから結局、六年目あたりから速い球がほうれなくなって、それからは「怪物」ではなくなってしまった。最終的には右肩の故障で引退したけれど、もしも江川が考えて投げていたら、わずか九年間で現役を終わるようなことはなかったはずです。

4 故障しない身体

投げ込みは球数をほうればいいものではない

自分が指導者になったと仮定してみて、「この選手は鍛えたらもっと伸びるだろう」と思えるピッチャーはたくさんいます。

なにしろ、みんなそれなりの素材をもっていて、人よりも優れた選手たちがそろっているのがプロの世界。高校、大学、社会人と、各チームのエースであり、三番、四番を打っていたような人ばかりが入ってくるわけですから。そのうえでプロでもエースになり、あるいはクリーンアップを打つ選手は、どれほど飛び抜けているか。

そういう選手にはまず、強靭《きょうじん》な体力と精神力があります。ケガをしない、というよりも、ケガに強い、痛みに強い。同じケガでも、人によってはすごく痛がる人もいれば、案外、痛いのを表に出さない人もいる。そこには個人差があります。

一般社会でも、ちょっと頭が痛い、胃が重いということを理由にして仕事を休んだり、手を抜いたりする人もいれば、いざネクタイを締めると痛みが吹き飛んで、仕事に集中できる人もおられるでしょう。基本的にはそれと同じことです。

その点、野球においては、鍛えて痛みに耐えることもできると思うんですけど、そう簡単に鍛えられることでもありません。やはり、もって生まれた体力、精神力、そして考え方が基本にあると思います。

当然ながら、「もっと伸びるだろう」と思える選手は、体力もあり、精神力もあり、考え方もしっかりしている。パッと見ただけではなかなかわからないけれど、長いあいだ見ていると、「これだけ鍛えれば伸びるだろう」とわかってくるものです。

それは練習そのものよりも、休んだあとほど明らかになってくる。

というのは、プロ野球選手といえども、どこかで休まなければならない。シーズンオフになったら必然的に休みますよね。問題は休んだあと、いざ始動するときに、休む前のペースにスッと入れるかどうか。それだけの練習量をこなしてきているかどうか。とくにピッチャーの場合だと、それまでに投げ込みをどれだけやってきたか――。

じつは投げ込みというのは、ただ球数を多く投げたらいいというものではありません。自分のペースをきっちりとつくりあげる練習をしてきたかどうか。そういう人は、ある程度の投げ込みをするだけでフォームができてくる、ボールが生きてくる。それがつまりは「鍛えたら伸びる選手」だと思うし、ペースをつかんでいるか否かは、ブルペンでの投球練習を見ていればわかります。

もちろん、若いピッチャーであれば、まだペースをつかみきっていない。はじめのうちは、指導者からいろいろとアドバイスをもらってやっていく。ただし、それは最初だけですよね。プロで一年、二年と経験すれば、あとは自分で考えてやっていかないと。

想像するにダルビッシュだって、一年目はぜんぜんわからなかったと思う。失敗もあったでしょう。アドバイスももらったでしょう。でも、いまは自分で考えて練習していますよ。

連投しているわけでもないのに故障が多いのはなぜか

ダルビッシュはプロ二年目の二〇〇六年に一二勝を挙げて以来、六年連続で二ケタ勝利を挙げています。プロの世界には「三年続けて活躍すれば一流、五年続けて活躍すれば超一流」ということわざがありますが、いまの時代はバッターにしても、五年連続で三割を超えるといったように、続けて数字を残すことは難しくなっています。

現に、この十年近くで沢村賞を獲ったエースにしたって、長くてもせいぜい四年連続の二ケタ勝利が最長なんです。日米通算で六年続けた松坂大輔も、残念ながら、その後は故障もあって下降線をたどっています。

そのなかで、ダルビッシュはまさに超一流の域に達していますけど、その彼にしてもやはり二〇〇九年のシーズン終盤には、故障して戦列を離れたことがありました。

プロで長くプレーするなかで、故障がまったくない、というのは無理な話です。十年近くプレーして、身体のどこも痛くない選手などいません。だれしもどこかを痛めている。

だから、痛みに耐えて、故障を隠して、もしくは故障とうまくつきあっていく――これが長生きの秘訣になります。エースとして長生きできれば、一〇〇勝、一五〇勝、二〇〇勝と数字も自然と積み上げられていく。

名球会という組織ができて、「二〇〇勝すれば超一流」と言われた時代がありましたけど、たとえ二〇〇勝に届かなくても、いいピッチャーは過去にたくさんいたんです。「大エース」と言われ一時代を築いた大洋の秋山登さんは一九三勝、南海の杉浦忠さんも一八七勝と二〇〇勝には届いていない。中日の権藤博さんは一年目に三五勝、二年目に三〇勝しながら、通算では八二勝止まりです。

いずれの方も、肩や腕に致命的な故障をしたことで選手寿命が長くなかった。

私自身、肩を痛めたのはプロ三年目、ヒジを痛めたのが四年目。故障を抱えてからは、一五〇勝するのに十五年かかっている。自分の場合は南海時代からリリーフに転向して、勝ち星が計算できなくなっていたから、それでいて通算で二〇〇も勝てたというのは、それこそ運がよかったんだと思います。

そういう意味では、同時代、同世代のライバルだった鈴木啓示であり、山田久志であり、彼らが先発にこだわりつづけたのは、いまだに頭が下がります。鈴木は三一七勝、山田は二八四勝もしているんですからね。自分もこだわってはいたけど、腕の故障で先発ができなくなっただけに、ピッチャーは先発が本来の姿という思いが強いんですね。

ただ、自分としては、身体のケアには十分に気をつかっていたつもりです。いまほどチームに専属トレーナーがいない時代、他人に頼れないところは自分で考え、自分で工夫した。これは私にかぎらず、以前の選手たちはみんなそうだったでしょう。身体のコンディション、肩やヒジのコンディションは自分で整えていくしかなかったと思います。

まして、われわれの時代、エースであれば、時と場合によっては完投した次の日にリリーフ登板もあったし、リリーフして次の日に先発もあった。年間三〇〇イニング以上投げるのはふつうのことでした。しかも、周りからの助けはいまにくらべれば少なかった。

それがいまや中五日、中六日でほうらせて、年間二〇〇イニングに達することさえ稀《まれ》な時代。トレーナーもコンディション管理もしっかりしているのに、なぜ故障する選手が多いのか、何が原因なのか……と考えているのは自分だけじゃないと思います。といって、簡単に答えが出る問題ではないですけどね。

外国人監督による最大の弊害は「球数制限」

野球にくわしいファンの方なら、「メジャーリーグの先発ピッチャーは中四日で投げているのに、なぜ日本は中六日なの？」と疑問に思われている方もおられるでしょう。

たしかに「中四日」なんですが、その代わり、「一試合に一〇〇球」という制限があります。要するにアメリカの場合、「一イニング一五球」が計算の基本なんです。つまり、先発ピッチャーなら七回ぐらいまでいってくれたらいい。リリーフであれば、一試合に一五球以内だったら連投してもいい。ただし、一五球以上投げたら中一日、三〇球以上だったら中二日の間隔を空けなさい、という考え方です。

一見、球数制限は合理的なようでいて、私はそれがすべて正しいとは思わないし、日本には日本のやり方があると思う。

当然、日本人と外国人の体格、体力の違い、日本とアメリカの気候もしくは風土の違い、さらには野球に対する考え方の違いがあって、「同じ野球でいて、じつは何もかもが違う」と言っていいんです。何よりも日本とアメリカで異なるのは、野球をするときのいちばん最初のスタイル。そこからして、野球とベースボールはまったく違うわけですよ。

アメリカの場合、暖かい場所でキャンプを行います。一方、日本のキャンプは二月一日、まだ寒い時期に始まります。ピッチャーは自分の息を指先にハアハア吹きかけて、温めながら投げなければならない。冷えが肩まできてしまったら故障につながりやすいからです。

いまでこそ日本のプロ野球でも、大半の球団が沖縄でキャンプをするようになりましたけど、それ以前は高知や宮崎と、寒い場所でキャンプを張っていた。寒さのなかではボールに対する恐怖心も生まれます。その時点でまったくかたちが違うのですから、はたして、なんでもかんでもアメリカの真似をするのがいいことなのか……。

カウント表示が〈SBO〉〈ストライク、ボール、アウト〉だったのが、〈BSO〉に変わったのもそうです。国際試合に順応するためとはいえ、実際にはアメリカのたんなる真似でしょう。なんでそこまでするのかな、とつくづく思いますね。

私自身もこんなふうに疑問を提示しながら、テレビの仕事で解説するときには、これまでは「ワンツー」と言えばよかったのが、「ツーボール・ワンストライク」と言わなきゃいけなくなった。慣れればすむとはわかっていても、抵抗はありました。

とにかく、なんでもかんでも「アメリカのやり方が正しい。それが世界基準だ」というのは、とんでもない話だと思う。

いちばんとんでもないのは、近年、日本の球団に就任した外国人監督が、先に挙げた「球数制限」をキャンプにもちこんだことです。「球数制限によって、ピッチャーは必要以上にボールを投げることはない」なんて言われると、首を傾《かし》げたくなってしまう。

二〇〇五年以降、外国人指揮官の下で優勝するチームが出てきて、あたかも〝外国人監督ブーム〟のような現象が日本球界に起こりました。多いときで、一二球団のうち四人も存在したことがあった。

はっきり言って、外国人監督は不要なんです。結果を出したと思ったとたんに、帰国してメジャーリーグの監督になるとか、日本球界をなめているとしか思えない方もいたけれど、いちばんの弊害は、投手陣に一様に球数制限を課したことだと私は思いますよ。

事実、キャンプ地を訪ねてみると、現場で投げているピッチャー自身が首を傾げ、不満を募らせていました。「自分で納得するまでもっと投げたいと思うときもあるんですが、途中でやめなければいけないなんて、おかしいですよ」と。

ピッチャーは投げて筋力をつけるもの

体力のあるアメリカ人、もしくは中南米の選手と、体力のない日本人とでは、練習内容からして違ってくるはずです。体力がないからこそ、日本人の野球は基本のかたちを大事にしないといけない。それにともなって、フォームづくりをしていかないといけない。だからこそ私は、日本人に「球数制限」は合わないと思うのです。

日本のピッチャーとアメリカのピッチャーでは、フォームの違いを見れば、体力の違いもわかります。アメリカのピッチャーの場合、比較的、力でカバーしてしまう。極端にいえば「大雑把なフォーム」で、ほとんど上半身だけで投げているピッチャーがたくさんいますよね。これはファンの方でも、いま現在、頻繁《ひんぱん》に放映されているメジャーリーグ中継を見ればすぐにわかると思います。

もっとも、アメリカでもほんとうにいいピッチャーは、そうではない。長年、実績を残しているピッチャー、それこそ「エース」と呼ばれるピッチャーは、正しいフォームを身につけています。それが、こんなふうに言ったら悪いですけど、日本球界に流れてくるような、向こうではもうひとつ使い物にならなかったピッチャーは、どちらかといえば力まかせにほうったり、素質だけで投げている人が少なくない。

その点、日本人は体力がないぶん、正しい、基本に基づいたフォームが必要になる。それではじめて、「いいボール」「生きたボール」が生まれてくるんです。

フォームというのは、日本人にとって、とても大切なものです。当然、アメリカ人にとっても大切ですけど、日本人は体力でごまかしが利かないぶんだけ大切だといえます。だからこそ、日本人はキャンプのブルペンで投げ込みが必要になる。フォームづくりの過程では、納得ゆくまで投げたいときが必ずあります。そこで一概に球数制限を当てはめるのは「ナンセンス」としか言いようがありません。

そもそも、ピッチャーは投げることで筋力をつけるもの。

バッターだって、バットを振って、ボールを打ってはじめて、バットコントロールが身につき、筋力がつくのです。ダンベルをくりかえして筋力をつけたから鋭い打球を打てるか、速い球をほうれるか、といえば、とんでもない。野球には野球独自の鍛え方があるわけで、いまの若い選手たちにも、そのことを忘れてもらいたくない。

たしかにいまでは、器具を使った筋力トレーニングも必要な部分はあると思います。決して悪いことではないと思う。ただ、それはあくまでも、野球人にとっては補助的なものでしかないんですよね。むしろ疲れを取る、筋肉をリラックスさせるためのトレーニングであって、鍛える目的にはぜんぜん合わない。私はそういう考えです。

フォームづくりにしても、ある程度、球数をほうってやっていく。必要な球数には個人差があると思いますけど、私の場合はおよそ一五〇球から一八〇球はほうって、ようやく余分な力が抜けてくる。

というのも、キャンプのブルペンにはマスコミをはじめ周りに人が多くいて、見られている意識が強くなるので、一五〇球ぐらいほうるまではいろいろな考えが入り込んだりして、集中できないことが少なくないんですね。

力が抜けてくると、ほんとうに無心になって、キャッチャーのミットだけを見て投げることができる。そこからはじめて、フォームが身につき、筋力もついてくる。フォームづくりの投げ込みとは、そういうものだと私は思っています。

くりかえしますが、球数には個人差もあるのですから、外国人監督が判で押したように球数制限をすること自体、ほんとうにおかしな話なんです。

ただし、だからといって、「アメリカ球界で実績のある指導者がまったく不要だ」と言っているんじゃありません。むしろ分野によっては必要だと思っています。ピッチング、バッティング、ランニングと、専門的な技術を教えるコーチにはどんどん来てもらいたい。

なかでもピッチングコーチは、日本のピッチャーの練習方法、調整方法に理解を示せる人材が条件ですね。そういう人の考えなら、大いに参考にしなければいけないと思います。

日本には日本人に合った方法がある。当然、同じ野球でも、日本人とアメリカ人の考え方は違う。野球とベースボールは違うところが多いと理解している指導者であれば、必ずや日本の野球をレベルアップさせてくれるはずです。

以前は空振りを取れたボールがファウルにされたとき

どんなに身体が頑丈で故障に強いエースでも、年齢とともにいつかは体力が衰えてくる。

ボールの勢いがなくなってくる。こればっかりは、だれも抗《あらが》うことはできません。

以前にくらべていまは、プロ野球選手の寿命が延びたとも言われます。体力を維持するためのトレーニングや栄養管理に関して、科学の力も借りることによって、工夫しやすくなった面もあるんでしょう。

とはいえ、四十歳を超えて四番を務められるバッターはいても、同じ年齢でエースと呼ばれつづけるピッチャーはまずいませんよね。バッターは高性能のマシンでいくらでも練習できる時代だけれど、ピッチャーの練習法はむかしから変わりません。まして、ピッチャーの肩は〝消耗品〟ですから、いくらでも練習するなんてことはできない。

では、衰えを感じたときにはどうするか——。

私自身、ピッチャーとして衰えを感じはじめたのは、南海に移籍したあとだったように記憶しています。プロ十年目の二十九歳でした。

以前は空振りを取れたボールがファウルにされる。ファウルでもバックネットに逸れていたものが横に行く。横に行っていたファウルが今度、前に飛び出す、ゴロになる。そんな経験をするようになったころでした。

そのゴロがたとえ凡打であっても、こちらは空振りを取れると思って投げているんですから、やっぱりショックですよ。「あれ？　あのボールを打たれたか。いままでだったらファウルにもならなかったのにな」と。配球を読まれたのか、それとも、ボールの力がなくなったのか、と考え込んでしまう。

そういうケースはいくらでもあったし、何年のいつ、というんじゃなしに、そのつど、そのつど、冷静に判断しながらも衰えは感じていました。

八六八本のホームランを打ったあの王さんでさえ、「よし行った、という打球がフェンスの前で落ちたときには寂しかった」と言うんですからね。それはもう、体力を使う仕事をやっていたら、だれもが経験することです。

これは日本ハム時代の話ですが、自分でも吹き出した笑い話があります。

いまでは当たり前のスピードガンが登場したばかりで、まだめずらしかったころ。当時の西宮球場に行くと、スコアボードに球速が表示されたんですね。高橋一三さんや私といった左ピッチャーが一生懸命に真っすぐをほうっても一三二、三キロ。それが、田中幸雄という身体の大きな真っすぐの速いピッチャーは一四五キロ。カーブが一二三キロで、われわれの真っすぐとあまり変わらない。

それを見て、もう情けなくて、笑うしかなかったけれど、抑えている回数に関しては、田中よりもわれわれのほうがよく抑えていた。その程度のスピードの真っすぐだって、バッターからすればイヤな真っすぐに見えるだけの工夫はしていましたからね。

つまりはそういうことが、よくいえば投球術につながっていくのだし、私はそれ以前から、どちらかといえば「技巧派」にモデルチェンジしていました。

じゃあ、速い球を武器にエースと言われたピッチャー、いかにしてモデルチェンジしていけばいいのか。変わり身がうまくいく人といかない人では、どこに差があるのか。それはやはり能力でしょう。考えて投げる能力、それしかないと思う。

「速球派」と言われた人はみんな経験することですけど、速いボールが投げられなくなって、そこで「もう終わろう」と現役を退く人と、緩いボールでもなんとか生かしてがんばろうとする人がいる。

先ほども挙げたように、江川の場合は典型的に前者ですよね。だからこそ「怪物」だったんじゃないか。怪物＝すごいピッチャーだった一方で、言葉本来の意味でも「怪物」だった。でも、いまは後者のほうが多くなっていると思います。阪神に移籍してからの下柳剛がわかりやすい成功例ですが、うまく転身できる人は増えてきています。

松坂が故障から復帰後どう転身していくのか見守りたい

まだまだ若いけれど、「平成の怪物」と言われた松坂も、いまや転身しようとしているピッチャーの一人でしょう。

松坂の場合、高校時代から非常に器用なピッチャーでした。「変化球は遊びのなかで覚えた」というぐらいに、なんでもすぐほうれてしまう。

しかしながら、その器用さがあるために、私にはかえって好不調をくりかえしているように見える。不器用な人はくりかえすことはないでしょうから、松坂の場合は、器用さがマイナスに働いている典型だと思います。

実際、二〇一一年の出足みたいに、ぶざまなピッチングで連敗したかと思えば、次の二試合はとんでもない好投を見せるといったように、波が激しかったですよね。

もっとも、それは松坂なりに工夫して、いろいろと考えた結果でしょうから、悪いことだとは思わない。ただ一つはっきりしているのは、彼も三十歳を過ぎて年齢的にも衰えてきて、以前のようにボールは走らないということ。それだけは本人がいちばんよくわかっているはずなので、右ヒジの手術から復帰したあと、どう転身するのか見守っていきたいですね。

年齢のことで一つ言っておくと、三十歳は一つの境目のように思われているけれど、当然、個人差もあると思います。体力を使うスポーツは、一般的に二十五歳が限度とも言われています。肉体的に成長するのは二十五歳までだと。これにも個人差があるかもわかりませんが、一般的に言われるのは二十代半ばまでが成長期で、あとは、いかに維持して水平線を保つかだそうです。

その点、いまはかつてにくらべて体力を維持しやすい時代になったといっても、いかに実現するかは本人の気持ちや考え方しだい。どんなに合理的なトレーニング法があったとしても、それを有効利用できなかったら終わりですから。

たとえば、松坂と同じくメジャーで実績を積みつつある黒田博樹は、松坂より五つ年上でも、ボール自体にはあまり衰えが感じられません。もちろん三十五歳を過ぎて、本人は衰えを自覚しているはずですが、やはり練習方法や工夫によって、衰えが進む時間を遅らせていると思います。自分で自分をだますこともしているでしょう。

いずれにせよ、体力を維持しながら、うまく投球スタイルを変えられるかどうかは、本人の考え方の柔軟性に加えて、選択して決断できる意志の強さが必要だと思います。

考え方が柔軟な人というのは、いざ転身しようと考えたときに、いろいろと試行錯誤できる人だと思います。

「これが正しい」という決まりごとはないんだし、それぞれ顔が違い、性格が違い、体力が違うのとおんなじで、その人にはその人なりの方法があると思います。それをいかに自分で試行錯誤して求めるか。求めた先で、いかに自分の意志で決断できるか。他人が探してくれるものではないですから。決めるのは自分自身ですから。どんなに優れた指導者でも、「あなたはこう変わらなければいけない」と決める権利はないと思いますしね。

身体のどこかを痛めたときも同じです。故障をどういう方法で治していくか、これもまた、その人の考え方しだいです。

ところで、故障の治し方といえば、いまや簡単に手術ができる時代ですけど、以前はそうではありませんでした。身体にメスを入れるなんて、とてもじゃないけど考えられなかった。それが時代とともに医学が発達して、手術をしたほうが長生きできるようになりました。

手術をして故障が完治するのであれば、これほどいいことはない。なかには、手術ができない故障だってあるんですからね。

じゃあ、それがすべていいのかといえば、私には疑問ですね。いい部分もある反面、手術には必ずリスクがつきまといます。野球の世界には合わない面もあると思いますから、やはり自分自身で選択して、決断すべきです。

第2章

エースの武器

甲子園での対巨人戦7回、王貞治から三振を奪い、354個としてシーズン奪三振日本記録を更新、最終的には401個の世界記録を打ち立てる
（1968年9月17日、提供：毎日新聞社）

1 速いだけが「いい真っすぐ」ではない

速い真っすぐでバッターをねじ伏せる快感

プロの世界でエースと呼ばれる人のみならず、あらゆるレベルのピッチャーに共通して最大の武器といえるのが、真っすぐです。それも、できれば速いに越したことはない。バッターにとって、いちばん嫌なボールが何かといえば速い真っすぐであり、それで空振り三振に打ち取られることほど、屈辱的な結果はないですからね。

逆にいえば、ピッチャーにとって、速い真っすぐで空振り三振を奪えたら、これほど気分がいい瞬間もないでしょう。力で相手をねじ伏せたときの快感といったら、これはもう何物にも代えがたいですね。

真っすぐに力のあるピッチャーであれば、だれしもその快感を追い求めると思います。ストライクゾーンにみえみえの真っすぐをほうっても、バットが空を切る。俗に「怪物」と言われるようなピッチャーは、とくにその願望が強いものです。

あらためて例に出しますが、まさに「怪物」と呼ばれた江川卓の全盛期は、それほど力のある真っすぐを投げていた。バッターが「このケースは絶対に真っすぐしかない」と思っていて、周りも「一〇〇パーセント真っすぐを待っている」と見ているなかで、平然とストライクゾーンに真っすぐを投げて空振り三振を奪う。

私自身、阪神時代の若かりしころは、そういうピッチングができていました。

なかでもいちばん思い出に残っているのは、一九六八年九月の巨人戦。シーズン奪三振の日本記録がかかっていたなか、王貞治さんから空振り三振を奪って新記録をつくらせてもらいました。

バッターの華がホームランなら、ピッチャーの華は三振。その対戦にかぎらず、ホームラン王の王さんを三振に打ち取ることは、一投手として当初からの目標でした。王さんもつねにフルスイングで向かってきてくれた。だから思い出深いんです。

一方で、同じ真っすぐで空振り三振でも、ストライクゾーンじゃなしに、意識してボール球の真っすぐをほうって奪いにいくこともある。いまでも印象に残っているバッターとの勝負が二つあります。どちらも状況は二死満塁、フルカウントでした。

一つは一九七五年、私が阪神で最後に勝利投手となった甲子園球場での広島戦。阪神が三点リードしていて、相手バッターは衣笠祥雄です。ここで私は意識してインハイにボール球をほうった。すると衣笠はフルスイングで空振り。当たれば場外までもっていくかと思われる、それはもう豪快なスイングでした。

もう一つは日本ハム時代の一九八一年、平和台球場での西武戦。私はリリーフで出ていって、九回裏、相手バッターは田淵幸一。一打出れば逆転サヨナラの場面でしたが、このときは意識してアウトハイにほうった。田淵は力ないスイングで空振りしました。振ったというより、振らされたというスイングでしたね。

フルスイングか、中途半端なスイングか。そこに違いはあるけれど、私はどちらの場面でも「絶対に手を出してくるな」と思っていたから、意識してボール球をほうり三振を取れた。これはこれで気分がいいものなんです。

「バッターにフルスイングさせない」という鉄則

衣笠と田淵のケースはともに、真っすぐの力で抑え込んだのではありません。場面、状況を考えて、「絶対に振ってくる」という確信のもと、ストライクゾーンにほうらないで空振りを奪ったものです。

言い換えれば、真っすぐで空振りを奪うといっても、力でねじ伏せるばかりではない。ボール球を振らせることによって、相手バッターを仕留めることができる。それがいわゆる投球術というものです。

私自身、阪神時代の終わりのほうでは真っすぐの勢いもなくなりかけていて、リリーフになってからの晩年は、なおさらスピードでバッターを牛耳ることはできなくなっていました。ゆえに投球術を磨く必要があったんですけど、ここで一ついえるのは、「速いだけがいい真っすぐではない」ということ。

一五〇キロを超える剛速球じゃなくても、たとえ一三〇キロ台でも速く見せることはできるし、コントロールという技術があれば、いかに遅くても相手バッターに手を出させない、遠くへ飛ばさせないことはできる。なおかつ、「相手バッターを見る」という能力が備わっていたら、相手のねらいを外して投げることもできるのです。

ただ、投球術の前に一つ述べておきたいのは、衣笠との勝負において、彼がフルスイングしてきたという事実です。

ピッチャーの絶対的な基本として、「バッターにフルスイングさせない」という鉄則がある。フルスイングさせてしまったら、どんなバッターでも、極端にいえば相手がピッチャーであっても、やはり当たればボールは飛ぶんですから。あのとき、衣笠がもしもバットに当てていたら、満塁ホームランで逆転されていたと思うんです。

そういう意味では、仮に絶体絶命のピンチの状況に置かれて、もしもねらって三振を取れるとしたら、空振りではなく、見逃し三振がいい。それも、できることなら三つ。アウトコースに「ボン、ボン、ボーン」で、すべて見逃しの三球三振がいちばんいい。

こんな三球三振が、私にとっては最高の快感であり、喜びでした。じつをいえば、どんな空振り三振よりも気分がよかった。なにしろ、打席に立ったバッターが、まったく手も足も出ないんですからね。これは自分だけじゃなしに、ピッチャーならだれしもめざすところじゃないかと思います。

もっとも、外へきっちりほうれるコントロールがない場合には、当然、コースが甘くなる。甘くなったぶんを何でカバーするかといえば、基本的にはボールの力です。

ふりかえれば、高校時代の私はそうでした。

はじめから結果を求めて変化球を覚えるほうに走るな

大阪学院高校時代の私は、「打たれることよりも、フォアボールを出すほうが危険」なピッチャーでした。ひどいときには、一試合で三振を一五個取っても、フォアボールを一二、一三と出してしまう。ストライクさえ入ってくれれば、まだなんとかなるけれど、なかなか入らない。マウンド上で「ストライクにいってくれよ」と何度も祈っていました。とくにフルカウントになったら、「ストライク」って念じながら、ほんとうに目をつぶって投げていた。ただ無我夢中でほうって、終わってみたら三振になっている、というだけ。お恥ずかしい話、カーブもほうれない、真っすぐしかないピッチャーでしたから、それしかやりようがなかったんです。

コントロールという技術もなければ、変化球ももっていない。当然、マウンド上でピッチングを考えるような余裕もない。

その程度のピッチャーだった自分が、なぜプロの世界に入って一年目から一軍で投げさせてもらい、結果を残して、のちには頭で考えてほうれるようになったのか——。

一つには、速いだけの真っすぐしかない、ということで、自分で真っすぐを大事にしたからだと思います。「真っすぐが武器になっていた」なんていえないですけど、まずは力いっぱい、ストライクゾーンに投げ込むことを心がけて練習しました。

そうこうするうちに、ピッチングコーチの指導を受けて、しだいに自分のフォームができてきた。そして「相手バッターを見る」ことができるようになると、マウンド上で考える余裕も生まれました。もう少し細かくいえば、フォームに安定感が出てきて、バランスがとれるようになると、ボールを長くもつということを身体で覚えられる。長くもてば、そのぶん、バッターを見る余裕が出てきたんです。

この、余裕というものが生まれてはじめて、投球術も身につけていける。

いま現在、高校もしくは大学で野球をやっている方には、真っすぐを大事にしつつ、私が経験したようなプロセスを心がけてほしい。

ピッチャーを務めるからには、ど真ん中に真っすぐを三つほうって空振り、あるいは見逃し三振に仕留められたら、いちばんいいでしょう。ピッチャーの原点ですよね、それは。だから、まずはど真ん中に真っすぐをほうることから始める。そのうえで、ど真ん中を続けるとどうしても打たれてしまうからコースに投げよう、それでも打たれる場合には変化球を交えよう、といった発想で挑んでもらいたい。

というのも、野球というスポーツは、もともとは現在のようなかたちではなかったんです。いまは九イニングで一点でも多く取ったほうが勝ちですが、当初、一八四〇年代にアメリカでルールが定まったときには、先に〈二一点を取ったほうが勝利〉だったそうです。極端な話、一回に二一点取ったらゲームセットだった、と。

それが時代とともに、現在のかたちに落ち着いていったとすると、ピッチャーだって、当初は真っすぐだけで、変化球など必要なかったはずです。それが、真っすぐだけだと打たれるから、コースに投げ分けて、それでも打たれるからどうしようかと考えられたのが、変化するボール。そのように徐々に進化していったとすると、ピッチング自体にも原点があって、少しずつ進歩していくものだと思うんですね。

つまり、はじめから結果を欲しがって、変化球を覚えるほうに走って、それで打ち取って喜ぶようなピッチャーになってほしくはないんです。

真っすぐという原点からプロセスを踏んでいくことが、そのピッチャーの技量になり、その技量の積み重ねが投球術につながっていくのですから。

緩急は「真っすぐを投げ分ける」だけでもつけられる

いまのバッターの技術を考慮すると、たとえ下位打線であっても、「真っすぐだけで抑えろ」というのは難しい注文ですよね。

それでも局面によっては、アウトコースに三球続けて真っすぐを投げて見逃し三振、ということも、まったくないわけではない。ただそれは、いいコースに決まったから、ということもたしかにあるけれど、バッターの頭の中に、「ひょっとしたら次はカーブが来るんじゃないか」「次は変化球が来るだろう」という考えがあったために、意表を衝《つ》かれた真っすぐに手が出なかったということもあるでしょう。

だから、たえず真っすぐだけで抑えられるほど甘くはないですよね。一五〇キロを超える剛速球でも、何球か続けてほうれば、やはりバッターもだんだん目が慣れてくる。はじめは空振りしていたものが、ファウルで逃げ、そのうち前に弾き返せるようになっていく。

いまや街中のバッティングセンターでさえも、一四〇キロ以上のボールが打てる時代。バットの違いはあるにせよ、高校生だって、一五〇キロのボールをスタンドに放り込む技術とパワーをもっている。プロとなれば当然、みんなもっています。

そこで投球術の一つとして、「緩急をつける」ことが必要となります。近年は盛んに耳にしますが、緩急とは要するに、「相手バッターの目の慣れをなくす」ことでしょう。できるだけ真っすぐと遅い変化球を投げ分けて、バッターの目の錯覚を利用する。

どちらかといえば「速球派」と言われるピッチャーほど緩急が必要になっていて、「どんなに速くても、いい変化球がないと勝てない」などと言われたりしています。はたして実際にそうなのかな、と私は訝《いぶか》しく思うときがあります。

というのも、私に言わせれば、緩急をつけるもっともいい方法は、同じ真っすぐでも速いボールと緩いボールをほうること。それがなかなかできないために、「真っすぐと変化球の緩急でなければいけない」という固定観念にとらわれているような気がします。

ほんとうにいいピッチャーになれば、ビューンと走る真っすぐと、スーッと抜けていく真っすぐの両方をほうれるものです。ただし、スーッと抜けるボールを相手に待たれると、当然、打たれる確率がたいへん高くなりますから、そういうボールはストライクゾーンに投げない。それこそが投球術だと私は思う。

これはわれわれの現役時代も含め、かつてのピッチャーはみんな実践していました。それなりに勝てる人はだれもがやっていた。全力の真っすぐに、ちょっと抜いた真っすぐを効果的に織り交ぜるピッチング。指導者に教えられてやるというよりも、ゲームで投げて、効果があることを体験して、工夫していったんです。

それがいま、野球が高度になったとは言わないけれど、教えるほうが親切すぎるのかもわからないですね。ピッチャーが自分自身で体験して覚える前に、指導者のほうから緩急をつけるための変化球を覚えさせようとする。時代の流れもあるにしても、もう少し頭をやわらかくして、真っすぐの有効利用を考えてもいいんじゃないかと思います。

2 ジョーカーとしてのカーブ

スライダーの成田、シュートの木樽に驚かされた

真っすぐに力があって、なおかつ「武器」となる変化球があれば、どんな強打者とも対等に勝負ができる。

エースと呼ばれるピッチャーはみな、すばらしい変化球をもっています。ときに、その球種がそのピッチャーの代名詞もしくは形容句になるほど、強烈な印象を残すボール。代表例は杉下茂さんのフォークボールでしょう。日本のプロ野球ではじめてフォークを投げ、いまでも「フォークの神様」と呼ばれています。

私は時代が異なるので、さすがに杉下さんのフォークは生で見られなかったけれど、過去から現在にいたるまで数多くの「武器」を見てきました。

私がプロに入っていちばんびっくりした変化球は、ロッテの両右腕、成田文男さんのスラ

イダーと木樽正明さんのシュートです。阪神とロッテではリーグが違うので、それほど見る機会がなかったにもかかわらず、ずっとそのボールが目に焼きついていた。

周りからはまさに「スライダーの成田」「シュートの木樽」と呼ばれていましたが、この二人のボールをはじめて目の当たりにしたときは「うわあ、すごいな」と思いましたね。

何がすごいかといって、それぞれボールが変化する軌道はもとより、成田さんがスライダーを投げるとき、木樽さんがシュートを投げるときというのは、ほんとうに自信をもって投げていたことです。

だから、真っすぐを投げるときよりも、スライダー、シュートを投げるときのほうが、フォームが大きく見えた。実際にはそんなに変わらないと思うのですが、私にはそう見えた。自分の場合は同じピッチャーとして、すごいなという驚きとか、あこがれとか、「自分もあんなボールをほうってみたいな」という願望が強すぎたから、そう見えたのかもわかりません。ともかく、どちらも一世を風靡《ふうび》したボールですから。

一方で、自分と同世代のピッチャーで一世を風靡したボールといえば、たとえば平松政次のシュートがある。「カミソリシュート」と呼ばれたボールです。

これは木樽さんのシュートとはちょっと違っていました。木樽さんのシュートが横に曲がる軌道だったのに対し、カミソリシュートは伸び上がってくるような軌道を描いていた。その点では、横にキュッと食い込む木樽さんのシュートのほうがすごいと思いましたね。

もちろん、ほかにもすごいと思った変化球はたくさんあって、阪神では村山さんのフォークボールは天下一品でしたし、同世代のピッチャーでは巨人の堀内恒夫のカーブにも驚かされた。私は高校時代からまともに変化球をほうれなかっただけに、「自分もあんなボールをほうってみたいな」という願望は心に抱いていました。

あこがれに似た気持ちで見ていた鈴木啓示のカーブ

われわれが高校で野球をやっていたころ、球児たちが投げる変化球といえば、まずもってカーブしかなかったと思います。

高校二年のときの私がすごいと感じた鈴木啓示でさえ、真っすぐとカーブだけのピッチャー。いまの高校生みたいに、スライダーだ、チェンジアップだ、フォークだ、っていう時代じゃないですからね。カーブをほうれたら〝御の字〟でした。

ところが私自身は、何度もくりかえしますけど、カーブもほうれないでプロ野球に入ったピッチャーだったんです。

「カーブすら投げられないというより、変化球をもたずに真っすぐだけでプロに入れたのだから、逆にすごい」といった評価をしてくれる方は過去にもたくさんおられました。でも、実際にはすごくもなんともないと言っておきたい。単純に、技術的にほうれなかっただけなんですから。

私個人としては、ほうりたかったんです。曲がりの大きな鈴木のカーブを目の当たりにしたこともありましたからね。あのカーブをほうりたい、という思いが、頭のどこかにありました。カーブをほうれたら楽だろうな、と。「楽」と言ったら語弊がありますけど、いまよりピッチングで苦労しなくなるだろうなと思った。

力いっぱい真っすぐばかりをほうるよりか、ときおりスッとカーブを入れる。のちになるとスライダーというボールも知りましたけど、当時はわからなくて、真っすぐとカーブしか頭になかった。そのカーブという変化球をほうれたら、もっともっと楽にピッチングできるんじゃないか、という意識はずっとありました。

それで高校三年になったとき、職員室に行って、野球部の塩釜強監督に「カーブを教えてください」とお願いしたんです。

塩釜監督は、学生時代にラグビーで国体に出場したこともあるスポーツマン。人間的にも非常に魅力のある先生でしたが、野球経験はなくて、本を読んで勉強された方です。だから技術的なことはほとんど教わらずに、ひたすら熱血指導を受けるのみでした。

ちなみに技術的なことを教えてくれたのは、本多さんというコーチの方。浪商出身で立教大、大昭和製紙で四番を打っていた野球の超エリートです。いわば、技術面を本多さん、精神面を塩釜監督に鍛えられた高校時代。実際、監督は精神論を振りかざすだけで、試合に負けて意気消沈して帰ろうものなら、ぶん殴られたものです。

そういう監督でしたから、「カーブを……」とお願いしたら「なに?」って言われて、次に返ってきた答えは鉄拳でした。私はその場で吹っ飛びました。

「貴様、真っすぐでストライクもほうれんのに、なにがカーブじゃ!」

いまの高校野球では絶対に考えられない、というよりか、決してあってはならないことですけど、いきなり殴られて、そんなふうに言われた私はとたんに沈んでしまった。それからはもう「カーブをほうりたい」などという気持ちはなくなりました。

ただ、監督に言われたとおりコントロールはよくなかったですから、真っすぐでストライクをほうれるピッチャーになろう、とは思いましたね。

そういうわけで、私の場合はレベルが違ったんですよ。鈴木とはくらべものになりません。だから、いま甲子園で投げる高校生を見ていて、よく思います。同じ高校二年、三年のときの自分のレベルと、彼らのレベルをくらべてみると、いまの子たちのほうが数段上だな、と。

ましてや自分の高校時代にも、鈴木のようなピッチャーは現実にいたわけです。そういう意味でも、当時にしたって、カーブ一つほうれないなんてとんでもないことだったと、あらためて思い知りますね。

王さんだけには通用した「曲がらない」カーブ

カーブがほうれない、変化球一つほうれないでプロに入る――。

自慢にもなんにもならないですけど、そんなピッチャーは、あとにも先にも私ぐらいのものじゃないでしょうか。

正確に説明しておくと、カーブの握りで投げるには投げられても、私の場合は曲がらなかったんです。それで阪神に入って一年目の春のキャンプ。ピッチングコーチの川崎徳次さんから「カーブを投げてみろ」と言われて、「いや、自分は投げられません」と正直に答えました。とたんに大声で笑われましたよ。ブルペンで周りにマスコミもいたので、悔しかったし、傷つきました。まだ十八歳の少年でしたからね。

なんとかカーブを覚えたい、ということで、川崎さんにも教わったし、先輩の若生智男さん、権藤正利さんにもお願いして教わりました。

同じ左ピッチャーの権藤さんのカーブは、とくにあこがれに近い気持ちで見ていました。「カーブを教えて」と言ったら、「指を曲げりゃええんで」と返されたんです。「はっ?」と返事をすると、なんのことはない、権藤さんはもともと指が曲がっていた。幼いときに小児麻痺《まひ》にかかって曲がってしまったんだそうで、「これだからほうれんねん」と言われ、「自分は指が真っすぐだからあかんわ」と言うしかありませんでした。

若生さんのカーブは、親指を押して投げる。これも一生懸命に練習しましたけど、抜けるばっかりなんです。練習ではたまにうまくいっても、ゲームになったらぜんぜんダメ。すっぽ抜けて、右バッターにはおあつらえ向きのボールになってしまう。

結局は断念したのですが、カーブが曲がらなくても、ある程度、真っすぐには速さがあったからでしょう。私は一年目の開幕から一軍で登板させてもらって、しだいに結果もついてくるようになりました。

右バッターから見たら、私のカーブはカモだったと思います。適度に打ちやすいスピードで来て、変化しないんですから。ただし、たった一人だけ、私の曲がらないカーブを嫌がった人がいます。だれかといえば、王貞治さん。

あるとき、「ユタカのカーブはわかっていても打てないんだよ」と言われたんです。「なんで？」と聞いたら、「曲がらないだろ？」って言う。要するに、打席で「カーブだ」となったとき、王さんは曲がる感覚で打ちにいくんだけど、曲がらずにファーッと抜けてくるからタイミングが合わない。いままで言うチェンジアップのような効果があったようです。

バッターというのは、カーブならこう曲がる、というイメージで打っているんです。つまり、だいたいの感覚、大まかなイメージで打っている。ピッチャーそれぞれで曲がりは違ってても、バッターからすれば、いちいち「○○のカーブはこうだ」と考えて打席に入るわけではないですから。

となると、王さんが私に相対して、「江夏には真っすぐがあって、カーブがある」とわかっていて、ほかのピッチャーと同じように曲がるはずのカーブが曲がらなかったら、タイミングが合わなくて打てない。

もっとも、私が阪神に入って二年目、練習した末に覚えたカーブが曲がるようになったら、王さんにはよく打たれました。いかにバッターは、イメージをもつこと、タイミングを合わせることが大事か、という証ですよね。

二階から落ちてくるようだった金田さんのカーブ

私自身、阪神時代には打席に立って、相手ピッチャーがほうるすばらしいカーブを目の当たりにしてきました。

パッと思い浮かぶのは、広島カープで活躍された外木場《そとこば》義郎さん。この方のカーブは一瞬、止まるような、浮くような感じに見えてストーンと落ちる。みごとな変化でした。

外木場さんはノーヒットノーランを三回も達成して、そのうち完全試合が一回という、とてつもない記録の持ち主です。「赤ヘル軍団」と呼ばれるようになるまでは弱かった広島というチームで、通算一三一勝を挙げた一流のピッチャー。一九六八年には、この外木場さんと安仁屋《あにや》宗八さん、両投手がそろって二〇勝を挙げています。

それと、中日時代の稲葉光雄。彼のカーブも一級品で、やはり一瞬、フッと浮き上がって落ちてくる。このボールに自分がやられたシーンはいまだに忘れられません。ある試合でバントをしにいって、カーブに三球、空振りしてしまったんです。恥ずかしいことにまったく当たらなかった。それぐらい鋭い変化でした。

稲葉は一九七二年に二〇勝を挙げて、その後は阪急でもプレーして、通算では一〇〇勝を超えています。現役は決して長くなかったけれど、印象に残るピッチャーでした。

印象に残るといえば、ヤクルトの松岡弘《ひろむ》。やっぱりすごいカーブをほうっていたのですが、彼はピッチャーという人種ではめずらしく、プラス思考の男なんです。なにしろ「いいカーブだなあ」って、自分で思っているんですから（笑）。

松岡は現役を十八年続けて通算一九一勝。二〇〇勝はできなかったけれど、長らくヤクルトのエースとしてがんばったピッチャーです。

左ピッチャーでは、金田さんのカーブは曲がりが大きかった。もう巨人時代の晩年でしたけど、私が打席に入ってバントをしにいって、二階から落ちてくるような軌道に面食らいました。「二階から落ちる」なんて現実にはありえないのですが、見た感じ、そう表現したくなるほどでした。

それで私は、「金田さんのあのカーブをなんとか打ちたい」と思って、カーブばっかりにヤマを張ったことがあった。そうして一本、センター前にヒットを打ったのをいまだに記憶しています。

ほかに、実際には自分で見ていないなかでは、権藤博さんのカーブもすごかったらしい。先輩方に聞くと、外木場さんと同じで、一瞬、止まるような感じでピュッと浮いて、ストーンと落ちたそうです。

この権藤さんのカーブは、「ドロップ」と呼ばれていました。いまで言うところの「タテのカーブ」。タテに大きく割れて、ストーンと落ちる。それはもう腕の振りがいいから、きれいにヒジが前に出て、タテに割れる。最近では、西武の岸孝之がそういうカーブを投げていますよね。

どうしても堀内みたいなカーブをほうりたかった

カーブも握り方、投げ方、人それぞれ。右投手と左投手でも違いがあるし、当然、変化の仕方もそれぞれで違ってきます。

私自身、最終的に身につけたのは、手首だけで抜くカーブでした。これはドロップみたいに大きく曲がるんじゃなしに、小さくキュキュッと曲がる。どちらかといえばフォークボールのような回転をする球で、ドロップと違う利点は、スピードが落ちないで鋭く変化することです。

ただ、私がほんとうにほうりたかったのは、ドロップに近いカーブでした。それを巨人の堀内恒夫が投げているのを見て、「俺もホリみたいなカーブがほうりたいな」と思って、一生懸命に練習したんです。自分でも恥ずかしくなるぐらいに練習したけど、結局、どうしてもほうれなかった。

これは私が基本的に不器用だったのと、ボールの握り方が自分の指と手に合わなかったからです。それでも私は「なんとかしたい」と考えて、ついには恥をしのんで、堀内本人に聞きにいったことがありました。

ある日の試合前の練習中に、こっそり堀内に声をかけました。すると、彼は笑いながら両手を見せるわけです。何かと思ってよくよく見ると、右手の人差し指が左手より短い。聞けば、彼がまだ幼いころ、人差し指を機械に巻き込まれる大ケガをして、一センチほど短くなったとか。

とっさに「自分の指を切らなあかん」と思いましたが、要は堀内がカーブを投げるときには人差し指が邪魔をしないんですね。中指と親指、二本の指だけでスムーズに投げられる。「だから、ああいう抜けるカーブをほうれるんだな」と納得して、同時に自分にはとうてい無理だとあきらめました。

当時、私は二十四歳のプロ六年目。すでに二〇勝も二度達成して、ある面では天狗になって、チームのなかで「自分がいちばんだ」と思っているころです。そんなときに、ライバルチームである巨人のエース、ましてや同年輩の選手に教えを請うなんて、かなりの勇気がいりました。

じゃあ、なぜそうまでして覚えたかったのかといえば、「自分がいまもっている真っすぐと小さく曲がるカーブ、それにあのドローンとしたカーブがあれば〝鬼に金棒〟」と思ったからです。要するに、二種類のカーブが欲しかった。

外木場さんや稲葉のカーブにくらべれば、堀内のカーブは「二流」とさえいえるボール。曲がりは大きくてもキレはなく、決して一級品ではないと思っていました。ウイニングショットとして使えるボールではないんです。

しかしながら、ボールそのものの威力よりも、ドローンとした緩いカーブをほうることによって真っすぐが生きてくる、という印象を強く抱かせた。事実、堀内のピッチングを見ていると、カーブのあとに真っすぐが来たとき、みんな空振りしてしまう。あんなピッチングができたら、さぞかし愉快だろうなあとうらやましく思っていました。

そういう意味では、カーブにしろ、ほかの変化球にしろ、すべては真っすぐを生かすためにある。私は現役当時からずっとそう考えています。

もっていない変化球を「ある」と思わせる戦術

私は基本的に、真っすぐとカーブで勝負するピッチャーでした。言い換えれば、ほかの変化球はまともにほうれなかった。

いま現在、プロで活躍しているピッチャーがそうであるように、若いうちからいろいろな球種をもっていたら、どんなに楽だったかと思います。もしも、もういっぺん現役でプレーするとしたら、あらゆるボールをほうりたいですよ。

でも、私はプロで十八年間やってきて、スライダーも覚えられなかったし、シュートも無理だった。ブルペンで意識してほうったことさえありませんでした。

左投手だったら、とくにスライダーは覚えておきたいボールです。鈴木啓示にしても、工藤公康にしても、スライダーを覚えることでピッチングが楽になり、選手寿命が延びましたからね。なのに私は、なんとかして覚えようともしなかった。自分で言うのもヘンだけど、めずらしいピッチャーですよ、ほんとうに。

そのくせ、現役引退後に野球評論家になってからは、「このピッチャーのスライダーはどうだ。シュートはどうだ」と口では言っている。自分で投げたボールはまったく曲がらなかったのに、エラそうにしゃべっている。たいへん恥ずかしい話なんですが、足りないぶんは自分なりに勉強してきたつもりです。

ともかく、それほど不器用だったピッチャーが、いまになって「あらゆるボールをほうりたい」って望んだところで、やっぱり覚えられないでしょうね。

ただし、現役時代は、「ほうれない」という事実が周りに知れると嫌ですから、マスコミに対しては何度も「俺はほうれるよ」と言っていた。ずるいですけど、それもプロとしての戦術の一つです。

周りから見ると、私のボールが、ときにスライダーもしくはシュートのように変化していたんでしょう。これは「真っすぐがナチュラルに変化していた」というよりも、ゲームのなかである程度、バッターの意図がわかるようになってからは、かわすことができるようになった成果なんです。つまり、真っすぐを抜いたり、かわしたりする。それがおそらくは、バッターからの見た目にはスライダー、シュートのように変化していたようです。

そこで、バッターから「いいスライダーだな」と言われたら、「いいスライダーだろ?」と返す。すると向こうは「おお、そうか。あれはやっぱりスライダーか」となる。マスコミにも「ほうれる」と言っていますから、すっかり信じ込んでしまうのです。

いちばん極端な例が、長嶋茂雄さん。

あるとき、長嶋さんにカーブを投げたら、「いいフォークだねえ〜」って、キャッチャーの田淵幸一に向かって言った。田淵が「はあ?」という顔になって一瞬、長嶋さんのほうを見るのがマウンドからもわかりました。すぐに田淵が機転を利かせて「いいフォークでしょう?」と返すと、「いやあ、いいフォークだねえ〜」ってくりかえし言われたそうです。

その後しばらくして長嶋さんに会ったとき、あらためて「ユタカ、あれはフォークか?」って聞かれたので、私は「はい、フォークです」と答えておきました。すると長嶋さん、「そうか。よく落ちるな、あのフォークは」って言っていた(笑)。

天下の長嶋茂雄が何を言っているんだろう、と思いましたけど、「ない」ものを「ある」と思わせたら、ピッチャーは断然、優位に立てる。「次はフォークか?」ってバッターが勝手に考えてくれるわけですから。

たとえ実際にもっている球種が少なくても、一つの戦術として、「ない」ものを「ある」と思わせることはできる。それと同じで、ある一つの変化球に、バッターが嫌がるようなイメージを与えられたらもっといい。

カーブだったら、「あいつのカーブはよく曲がるよ」「あいつのボールはキレが鋭いよ」と相手の頭に植えつけるのはとても大事なことだと思うし、それだけでピッチャーは優位に立てるんです。

ジョーカーとしてのカーブとアウトローの真っすぐ

カーブにかぎらず、いい変化球を一つでももつことは、ピッチャーにとっては「武器」以上の効果をもたらします。ウイニングショットになるのはもちろん、「困ったときに頼れるボール」にもなるのです。

私の場合はそれがカーブだったのですが、勝てるピッチャーはだれしも「頼れるボール」をもっています。「頼れる」ということは、いかようにも使える。いわば、トランプのジョーカーのようなものです。

ジョーカーをどう使うか、どう磨くか。ジョーカーというカードは、いざとなったら何にでもなれるけれど、使い方を間違えると、なんの意味もないカードになってしまう。変化球にしても、一つ間違えて高めにいったら痛打される。

基本的に変化球というのは、低めにいってはじめて鋭く変化するもの。ピッチャーはそのことを理解しておかないといけません。

高めにいったスライダー、カーブは、俗に言う〝すっぽ抜け〟ですから、バッターにとって怖いボールではない。反対に低めにいくボールは、ピッチャー自身の体重がよく乗って、鋭い変化をしやすくなる。一八・四四メートルという距離は、ちょうどそのようにできているわけです。

野茂のフォークだって、高めに来たらバッターはぜんぜん怖くない。それが、低めに来てワンバウンドになるようなボールは、ストライクゾーンからボールになって、バッターはみんな振ってしまう。

ただし、高めのフォークでも、「おお、いいところにほうるな」と感じたのは、大洋で活躍した遠藤一彦。彼のフォークは、右バッターのヒジをねらって投げるという、これはもう特異なフォークでした。だから、広島時代に同僚だった山本浩二であり、衣笠祥雄であり、水谷実雄であり、高等な技術をもったバッターでも、戸惑っていた。フォークは低めに来てはじめて、バッターはなんとか対処できるものですが、インコースの高めに来て落ちたら、まず対処できないでしょう。

以前、私は遠藤に聞いたことがあります。「なんで高めなんだ？」と。すると彼は「インコース高めは自分のいちばんの目安ですから」と言っていました。「それ以外は低めにほうりますけど、勝負球はヒジをねらっていくんです」と。なるほど、そういうフォークもあるんだなと思わされましたね。

ともかく、変化球もトランプのジョーカーと同じで使い方しだいなんですが、私はカーブ以外にもう一つ、ジョーカーといえるボールをもっていました。それは変化球じゃなしに、真っすぐで得意のボール、アウトローへのコントロールを覚えたことです。

アウトローというのは、私にとって勝負球であり、遊び球であり、見せ球であり、困ったときに「頼れるボール」でした。そういう強く安心できるものがあったから、窮地に追い込まれても「なんとかなる」と考えられたんだと思います。

なんにしろ、得意なボールというのは、特別にすごい球じゃなくて、そのピッチャーの基本線をつくる球になる。基本線がつくられると、マウンド上で精神的に落ち着けるようになって、それこそが自信につながっていく。

エースであれば当然、ジョーカーを一枚はもっているでしょう。むしろ、たんなるウイニングショットがあるだけではエースにはなれないと思います。

エースとは必ずしも球種豊富なピッチャーではない

時代が進むにつれて、各ピッチャーがもつ変化球も多種多彩になりました。その過程では、さまざまな変遷と流行り廃《すた》りがあったように思います。

メジャーでプレーする日本人選手が増えた影響もあるんでしょう。近年ではチェンジアップが出てきて、さらにはツーシームやらカットボールやら、不器用だった私からすれば、「わけのわからんボールがたくさん出てきたな」という印象がある。

われわれの時代には、いまで言うツーシームにしろ、カットボールにしろ、「特殊ボール」の一種でした。その人その人が独自にほうれるボールを特殊ボールと称していたわけであって、一般的な球種の枠に入るものではなかったのです。

そういう意味では、カットだとかツーシームだとか、呼び名そのものは、極端にいえば〝野球流行語〟のようなものじゃないですか。だいたいが、アメリカから来た用語に新しさを感じて使いはじめ、流行っているにすぎないと思います。もちろん、そういうボールを採り入れて勝てるようになるなら、それに越したことはないですが。

じゃあ、エースと呼ばれるピッチャー、イコール、球種豊富なピッチャーなのか。

私は決してそうではないと思います。それこそメジャーで活躍した野茂のように、真っすぐとフォークだけのエースもいました。野茂はカーブも、スライダーも、シュートもほうれないピッチャーでした。本人に聞いた話では、メジャーに行ったあとにスライダーを覚えようとした時期はあったそうですが、結局はマスターできなかった。

これは野茂にかぎらず、すべてのピッチャーにいえることですけど、フォームと腕の振りによって、その人それぞれに「合うボール」と「合わないボール」があるのは確かです。たとえば、腕の振りがタテのピッチャーには、スライダーというボールは難しい。やや横振りのほうが、スライダーもしくはシュートはほうりやすいのです。

そうした適性に関しては、指導者が見て判断することもあります。腕の振りが上から投げ下ろすピッチャーがスライダーを投げたら、かえって腕の振りが鈍くなりますからね。野茂の場合はおそらく、そのことに自分で気づいてスライダーを断念したんだと思います。反対に、フォークだけはものすごく興味があって、日々練習したそうです。

ある意味では、野茂も不器用なピッチャーだったと思います。球種を増やしたくても増やせない代わりに、真っすぐを磨きつづけ、フォークを一生懸命に練習したわけですから。前にも話したとおり、そうやって「時間をかけて覚えたものはなかなか忘れない」といえるし、逆に「ひと晩で覚えたものは、ひと晩で忘れる」と言われます。これはどんなスポーツ、いえ、一般社会でも同じではないでしょうか。

ところが技術の世界では一概にいえない部分もあり、例外があるのもまた確かなんです。

ごく稀なケースだった藤沢のパームボール

かつて中日に藤沢公也という右投手がいました。変化球を覚える過程に関して、私は彼ほどの「例外」を見たことがありません。

藤沢は私より三つ年下と、年齢はあまり離れていないんですが、高校卒業後に社会人で長くプレーしたため、ドラフト一位で入団したのは一九七九年。二十七歳でのプロ入りだけに実働年数は短かったけれど、一年目に一三勝を挙げて新人王に輝いたピッチャーです。

この藤沢、パームボールをほうるのが、じつにうまかった。パームはだれにでも覚えられる変化球ではなく、たいへん難しいボールです。それが彼の場合、ストーンと落ちて、たいていのバッターにかなりの効き目がありました。

それで興味をもっていたら、一年目の前半戦から結果を残した藤沢が、オールスターに選ばれた。この年は私も選ばれたので、試合前に声をかけて、「あのパームボールは社会人時代からほうっていたのか？」と聞いてみました。すると本人、「いえ、キャンプで覚えました」と言うんです。その年の春のキャンプで覚えて、それが彼の主力ボールになっていたのですから驚きでした。

「ひと晩で覚えたものは、ひと晩で忘れる」という前提を踏まえれば、パームボールは一時的にしか使えなかったはずです。それが主力ボールにまでなったのだから、彼のフォームと腕の振りに合っていたのだと思うしかありません。

ただ、藤沢は決して器用なピッチャーではなかったんです。もしも器用だったら、もっと若いうちから、いろいろなボールをほうっていると思うけれど、彼にはそこまで持ち球がなかった。にもかかわらず、入団一年目のキャンプで、当時コーチだった稲尾和久さんに教えられてすぐにマスターしたというのだから、ほんとうに不思議でした。

結果的に、彼は二年目に調子を落としてしまい、通算では二七勝に終わりました。それでもオールスター出場を果たし、新人王のタイトルも手に入れ、一九八二年には日本シリーズでも登板した。わずか一カ月のキャンプで覚えたものが、ピッチャーとしての生命線になったのです。

非常にめずらしい、ごく稀なケースといえども、これも技術の世界では起こりうること。その点、藤沢はエースとは呼ばれなかったピッチャーではありますが、彼もプロに入って、何か武器を身につけなければと考えて工夫を続けていたはずです。

一つの変化球が簡単に身についたといっても、やはり本人が考えて、工夫する頭がないと身につくものじゃない。さまざまな課題を自分で見つけて、考えて取り組む過程自体、私は非常にいいことだと思います。何も考えないよりは、考えたほうが絶対にいい。

考えて、工夫して取り組んでも、いつまで経っても達成できないかもわからない。あるいは、できたばっかりに故障につながるかもしれない。現にいま現役のピッチャーで、新たな球種を覚えたことが原因で不調になったケースは少なからずあります。

それでも、先を見すぎてマイナス面にとらわれていたら、前には進まない。

となると、果敢に前に進む勇気、工夫する勇気があるかどうかですよね。それはもう、個々人の考え方があると思うけれど、勇気をもって取り組んで、どこまでその工夫をもとに自分で突き進んでいけるか――。

これはピッチャーのみならず、すべての野球選手にとって大事なことじゃないでしょうか。突き進んだ選手のなかからチームの顔である「エース」が生まれ、「四番打者」が出現するのだと思います。

3 フォアボールの少なさがコントロールの条件ではない

野茂はコントロールが悪くてもエースだった

当然ながら、どんなに真っすぐが速くても、どんなに鋭い変化球をもっていても、それを自分でコントロールできなかったらピッチングにはならない。ただ、プロに入ってくるピッチャーでもよくあるのは、次のようなケースです。

真っすぐのコントロールはいいが変化球が悪い。もしくは、変化球のコントロールがよくても真っすぐが散らばる。

こういうのはもう、理由ははっきりわかっていますよね。フォームのバランスがよくないのです。コントロールを決める要因は、本人の精神的な部分、すなわち自信をもつことと、フォームのバランスの二つに尽きるといえます。フォームのバランスが悪ければ、どうしてもコントロールが甘くなる。

じゃあ「コントロールがよかったらエースになれるのか」「コントロールが悪かったらエースじゃないのか」と問われたら、決してそうじゃないと思います。

たとえば、野茂英雄というピッチャーは、もともとコントロールが悪かった。ただ、彼の場合、悪いことを一つの武器にしていましたよね。「あいつはコントロールが悪いから、いつ抜けてくるかわからんよ」と相手バッターに強く意識させ、無言の恐怖心を与える。それもピッチャーとして優位に立つための一つの方法なんです。

反対に、コントロールがよくて、「絶対にこちらには当ててこないよ」とバッターに安心感を与えてしまうと、かえって踏み込まれることもあるわけです。

おそらく、野茂自身はそのことを自覚して、理解していたでしょうね。実際問題、彼の場合、何球かに一球は必ず抜けてきましたから。それも、フォークで抜けるならまだいいけれど、真っすぐで抜けてくるときがある。これがバッターにはいちばんの恐怖なんです。

野茂がアマチュアのときの指導者は、コントロールを直そうとしたはずです。一方で、彼は「トルネード」と呼ばれた変則的なフォームでしたが、あれは中学時代に「もっと速い球を投げたい」と思ったことでそうなったらしい。

あのフォーム、野茂が自分で「コントロールをつけよう」と考えた結果だと私は思っていました。ところが事実はそうじゃなかったということは、しっかりとした指導者に恵まれなかった側面もあるでしょう。「こうすれば速い球をほうれる」という本人の思い込みをそのままにして、コントロールをよくする方向には行かなかったのですから。

それでも結果的に、野茂はあの極端な変則フォームで成功しましたが、本来、いちばんはバランスのいいフォーム。変則フォームで成功するのはきわめて稀なケースであって、「成功したからそれでいい」とはいえない。

バッターにしても、王さんの一本足打法、もしくはイチローの振り子打法、どちらも変則フォームですけど、それゆえにカッコよくて、野球少年はみんな真似しましたよね。

ほんとうは間違い。真似すべきではないんです。二本足でしっかり立って打つのがいちばんいいわけです。でも、二本足で立っているとタイミングが合わない、インコースの速い球が打てないということで、弱点をカバーするために二人は変則的なフォームになった。

ピッチャーもバッターも、バランスのいい、平均的なフォームが大前提。それに、なんらかの弱点、欠点が見つかったから、結果的に変則になっていっただけなんです。野茂の場合はともかく、王さんもイチローも欠点があって、どうしても正規の打法、二本足では結果が出なかったにすぎません。

周りで見ているみなさんのなかには、その点を勘違いしている方が多いですね。「はじめから、あのカッコいいフォームで打っていたんだ」と思って、プロ野球をめざす若い人たち、お子さんたちが真似をする。実際には、決してそうじゃないんですよ。

このことを理解して、正しいフォームを身につけてほしい。これは投げること、打つこと、どちらにも当てはまります。

東尾のピッチングに見るコントロールの条件

投げることなら、オーソドックスに上から投げるのがいちばんいい。でも、上から投げるとタイミングがとりづらい、コントロールが身につきにくい。ならば、スリークォーターというフォームがある。それでも、もうひとつコントロールが身につかない、ボールが浮いてしまうのであれば、サイドスロー、アンダースローというフォームもある。

いずれにしても、コントロールを身につけるためには、まずは自分に合ったフォームをつくっていく必要があるのです。やはり、コントロールがいいピッチャーは、プロでも子どもでも、いいバランスで投げています。

人によって極端に肩、ヒジの強い人、手首の強い人、握力の強い人、下半身の強い人がいて、反対に、それぞれが弱い人もいる。あとは目の問題もありますが、ともかく、その人にしかわからない感覚があります。それらがいろいろとミックスされて、フォームが生まれていくのです。

こうして自分に合ったフォームができたとしましょう。では、コントロールをよくするためには、どのようなプロセスを踏んでいけばいいのか——。

まず、自分が投げたいところを自分で認識する、ということが必要です。「そこに投げるんだ」という意志をもたないといけません。「あとはボールに聞いてくれ」ではダメですし、「投げたいんだけど、いってくれるかなあ」とか、「たぶん、いかないだろうな」と思うのはもっとダメ。キャッチャーが構えたところに寸分違わずとはいかなくとも、「だいたいその近辺に投げるんだ」という強い意志が必要です。

じゃあ、強い意志はどこで養うかといえば、練習しかありません。練習できっちり、意志をもって投げ込むこと。だから、ピッチャーにとっての投げ込み、バッターにとっての打ち込みが絶対的に大事なんです。そこからフォームというものが生まれてくるわけですから。

さらに、意志をもって投げ込むのでも、力いっぱい投げて「そこ」にいくようにならないといけない。軽く投げているときは、きれいなフォームでコントロールよく投げられるけど、少しでも力を入れるとバランスが崩れて、とんでもないところにボールがいってしまう、というのではダメですよね。

そこで、コントロールがいいピッチャーの一つの評価基準として、「フォアボールが少ない」というものがあります。

たしかにそのとおりで、勝てるピッチャーはフォアボールが少ない。勝てないピッチャーほどコントロールが甘くて、フォアボールを与えては余分なランナーを出して、余計な点を取られている。

しかしながら、「フォアボールが多い」ピッチャーがすべてコントロールが悪いのかといえば、必ずしもそうではないのです。

というのは、スリーボール・ツーストライクからでもコースに投げ分けられるピッチャーと、スリーボールになったら「行き先はボールに聞いてくれ」と、目をつぶって真ん中に投げるピッチャーがいる。それこそ野茂は後者で、投げたボールがそのまま真ん中に向かうか、たまたま厳しいコースにいくか、というタイプでしたから、その意味で「もともとコントロールが悪かった」といえるのです。

反対に、前者の代表格に東尾修がいます。西鉄時代から西武までライオンズひと筋でエースとして活躍し、二十年間の現役生活で通算二五一勝を挙げたピッチャーです。

彼の場合、スリーボール・ツーストライクから、「いくかいかないかは別にして、コースに投げるんだ」という強い意志をもっていた。そこで力が入りすぎて「ボール」になり、結果、歩かせるケースも出てくる。ゆえに東尾は「コントロールがいい」と言われながら、フォアボールが多いピッチャーでした。

死球に対する恐怖感を与えるのも戦術の一つ

フォアボールを出すこと自体、すべて悪いとはいえません。試合のなかのある局面で、絶対に出してはいけないフォアボールと、出してもいいフォアボールとがありますから。

そもそも、野球における大きな戦術として、敬遠というものがある。これはもう完全に、はじめからフォアボールを与えて歩かせて、打ち取れる確率のより高いバッターとの勝負を選択する一つの戦術です。

でも、敬遠はごく限られた場面で使う戦術。敬遠しないまでも「カウントが悪くなったら、ここは歩かせてもいいよ」というケースはありますが、それ以外ではやはり、絶対に歩かせてはダメなケースのほうが多い。どんなフォアボールも、それだけ余分なチャンスを相手に与えているわけですから、必要以上にチャンスは与えないほうが無難である、ということですよね、勝負するうえにおいては。

だからトータルで見て、当然、フォアボールは多いより少ないほうがいい。デッドボールであり、野手のエラーも含めて、余分なランナーは出さないに越したことはない。思いがけないチャンスをもらった相手チームは、俄然《がぜん》、勢いづきますからね。

その点、東尾の場合はデッドボールも多くて、与死球一六五は歴代一位。なかには意識して当てたケースもけっこうあったと思うけれど、飛び抜けて速い真っすぐをもたない彼が勝つためには、当ててしまうほど厳しく攻めないと仕方ない面はありました。

要するに、スライダー、スライダー、スライダーと続けて、相手バッターに踏み込んでこられると痛打されてしまう。踏み込ませないために、バッターの懐《ふところ》を突いて攻めていかないと、どうしようもない。

それに加えて、一人当てることによって、相手ベンチに「あいつは当ててくるよ」ということを思い知らせるためにも、ぶつけてしまう可能性が高いところにあえて投げざるをえない。これも戦術のうちだと思います。

かといって、結果的にデッドボールが多くなった東尾のピッチングは「究極の戦術」というほどではありません。究極といえば、もっともっと、ごく稀なケースに限られると思いますし、東尾にしてみれば、そうしたほうが平均的に打たれないだろうな、点を取られる確率は少ないだろうな、と自分の頭で整理して、選択してバッターに向かっていったはずですから。

つまるところ、野茂の抜けてくるボールが相手バッターに恐怖心を与えたのと同じで、東尾もそうやって工夫して、優位に立つことで勝てるピッチャーになった。

フォアボールが多くて、デッドボールも多い。ここだけを見たら、とても勝てるピッチャー、ましてやエースとは思われないでしょう。でもその裏には、スリーボール・ツーストライクからでもコースをねらえるコントロールのよさと、強い意志、なおかつ、相手バッターの心理を利用しうる頭のよさがあった。

言い換えれば、どんなにコントロールがよくても、どんなにいい変化球があっても、それだけでは勝てない。逆に、驚くようなスピードボールがなくても、エースと呼ばれ、長くプレーできる。

東尾修というピッチャーが、いまの若い人たちに教えてくれるものは多いと思います。

いちばん困るのは、じーっと一球を待つバッター

一人のピッチャーが完投した場合、球数が一二〇だったとして、そのうち何球はコントロールよく、ねらったとおりにいくものなのか——。

私自身の経験上、「まずパーフェクトはない」と断言できます。要は、どれだけねらいどおりにいくかというよりは、どれだけコントロールミスを少なくできるかなのです。

左ピッチャーの私の場合、たとえば、右バッターの「アウトコースに投げる」と自分で意識したうえで、コントロールミスがどちらに転ぶか。

外にいってくれたら、ボールだからバッターは打たない。打たれる確率が少ないですよね。反対に、同じコントロールミスでも、内に入ってしまうと打たれる確率は高くなる。つまり、どちらに逸れるかが問題です。

このとき、自分でこちらに逸らしてやろう、なんて気持ちは当然ない。神様しだい、神様がどう判断するかなんですよ。意地の悪い神様だったら内のコントロールミスになるだろう

し、「ああ、こいつは一生懸命やっているな。なんとか応援してやろう」と思ってくれる神様だったら、外に逸れるでしょう。外に逸れたらフォアボールになるかもしれないけれど、打たれる確率は断然、少ないですから。

では次に、高めに外れるか、低めに外れるか。高めに外れたらホームラン、ひと振りで一点、最悪の場合は四点取られることになる。でも低めに外れたら、悪くてもフォアボールでしょう？

何が言いたいのかというと、その人の力だけでは覚束《おぼつか》ない、何か自然の力とでも言わなければ説明がつかないものが入り込んでいるのが野球なんです。

これはピッチャーだけじゃない。バッターだってそうでしょう。真芯でとらえて、ものすごくいい当たりをしたのに、それが野手の正面にいったらなんにもならない。逆に詰まっても、それがショートとレフトのあいだに落ちたらヒット。

えらい違いですよ。バッターがどれほどすばらしい当たりをしても、外野手の正面にいったらアウト。ピッチャーだって、ねらったとおりにきっちり投げても、バッターが待っているところだったら飛ばされる。これもやっぱり、本人の力だけでは及ばない運という部分ですよね。

つまり、運のいいコントロールミスと、運の悪いコントロールミスがある。これはすべてのピッチャーにいえることで、野球という競技には、ねらいどおり、計算どおりにいかないことが往々にしてある。だからこそ「パーフェクト」はないんです。

反面、計算どおりにいくとしたら、試合で自信をもって投げられるようになって、「このバッターはここにほうっておけば大丈夫」という優位性が生まれたときでしょう。

実際、私の場合、打率にして二割五分に届かないようなバッターは、アウトローにほうっておけば、そんなに打たれることはなかった。まあ、極端にそこだけマークして、ヤマを張る人はいましたけど、そういうときには構えているかたち、そして目を見ると、待っているのがわかる。だったら、そこでインコースを突けばバッターは頭がパニックになる。

言い換えれば、ピッチャーにとっていちばん困るのは、相手バッターが何を待っているかわからないとき。一球一球、追いかけてこられたほうが、これほどおいしいものはない。八割、九割、ときには一〇割かわす自信はありましたけど、図々しくも一球だけ、じーっと待っているバッターは、私自身、すごく嫌だった。

とくに印象深かったのは、巨人の末次民夫さん。大石内蔵助じゃないけれど、通称「夜明けの行灯《あんどん》」と呼ばれ、V9時代はあまり目立たないほうでしたが、たえず、じーっと一球だけを待たれるので投げづらかったですね。

落合の読みを外した三球連続カーブで見逃し三振

もう一つ、「じーっと待つ」ということで思い出されるのは、同じくV9時代の巨人における土井正三さんと黒江透修さん。

のちのち聞いてみると、「阪神戦で江夏と勝負するときは、甘いボールが来るなんて、いっさい考えていなかった。コースしか考えていなかった」と言っていました。これは村山さんに対しても同様だったみたいですが、そういうふうにボールを待たれて対処されるのも、ピッチャーとしては困りますよね。

事実ふりかえってみると、土井さんも黒江さんも、「あっ、しまった！」というような甘いボールをポップフライにしたり、見逃したり、空振りしたりしていた。反対に、自分では「よし！」と納得できるような、厳しいコースに決まったボールをよくパチーンと弾き返された。ヒットになるか否かは別にして、いいタイミングで真芯に当てられたケースは何度もありました。やっぱり、コースで待っていたんですね。

このように、バッターによって、コースで待つ、球種で待つ、ヤマを張る、なんでも当てにくる、とタイプの違いがありますが、なんでも追いかけて当てにくる、振ってくるバッターはいちばん打ち取りやすい。

思えば、落合博満という男も、当初はなんでも追いかけるバッターでした。一九八一年、落合ははじめて首位打者を獲りましたが、その年、私が日本ハムに移って初対戦のとき、彼は一球一球、追いかけてきた。だから私にとっては楽な相手だったのですが、それが翌年、図々しく待つスタイルに変わっていたんです。

いまだに忘れられない、一九八二年の秋田でのロッテ戦。日本ハムが一点か二点リードして迎えた九回裏、ツーアウト二塁、三塁のケースで、私がマウンドにいてバッターは落合。このとき私は、彼のねらいは真っすぐと読んで、カーブを三球、続けたんです。すると、落合は三球とも見逃して三振、ゲームセット。三球目はバットがピクリとも動きませんでした。

結果的に抑えたのですから、気分はよかったですよ。でも、打席でじっと待たれたことで、嫌な感じが残りました。自分としては相手のねらいを読みきって、最高の策を講じたつもりでも、実際にはカーブしかほうれないという苦肉の策でもあったのですから。

落合にしてみれば、「最後は完全に真っすぐ」と読んでいたのが外れて、バットが動かなかったんでしょう。

じつは、このときにバッテリーを組んでいたキャッチャー、大宮龍男のサインは、二球目までがカーブ。三球目は真っすぐでした。私が首を振ると、今度はインコース真っすぐのサイン。また首を振ると、大宮が首を傾げているのが見えました。

わずかに間が空いたところで、落合はすかさず打席を外したんです。首を振るのを見て外したということは、「真っすぐ」と読んでいるからだと察知して、私は三球目、カーブを選択した。

読みが外れ、勝負に敗れた落合ですが、手も足も出ないという見逃し方ではなかったし、屈辱感もなかったと思う。それが証拠に、悔しがるような素振りは見せずに、淡々とベンチに帰っていきましたから。

私はそんな落合の姿を見て、「こいつ変わったな。次はやられるかもわからないな」と思っていたら、案の定、その年は半分ぐらい打たれてしまった。ところが、まともなヒットは一本もない。すべてポテンヒットで、レフト線に飛ばされたクリーンヒットなんてなかった。

その代わり、落合は思いっきり振ってきました。じーっと待って、ねらい球を絞ってフルスイング。ピッチャーにとっての絶対的な鉄則である「フルスイングさせてはいけない」を完全に破られたのです。

落合が自身初の三冠王を獲ったのは、まさにその八二年。その後、二度も三冠王に輝いている。そういう意味では、追いかけるバッターから図々しく待つバッターに変わって、超一流選手になったといえるでしょう。

バッターとの駆け引きにおもしろみを感じた時代

超一流選手といえば、以前、イチローがデビューした当時、「江夏さん、もしも対戦するとしたらどこに投げる？」と、よく聞かれました。これはもう、画面を通して見たり、記者席で見るのと、実際にマウンドに上がって見るのとでは違いますからね。上がってはじめて感じることもあるでしょうから、仮定の話だとしても想像するのは難しいものです。

ただ、イチローというバッターは、当てることに関しては相当に高度な技術をもっている。ふつうのバッターのようにいかないのは確かでしょう。そして、そういうバッターには相応の攻め方もある。過去にも、当てるのがうまい方はたくさんいましたからね。

なかでも阪神時代に対戦した、大洋の近藤和彦さん、中日の中利夫さん。このお二人はとにかく当てるのがうまくて、ストライクを必ずファウルされるので嫌でした。

しかも、同じ当てるのでも、ピッチャー寄りじゃなくてキャッチャー寄り。ミットの手前でバーンと弾かれる。これをされると、ピッチャーとしては、ほんとうに頭にきましたよね。ふつうにカットされるのはまだいいんですが、そこまでキャッチャー寄りで弾かれるとムッとするし、キャッチャーもカチンとくる。何度もやられるうちに根気負けして、甘い球を痛打されてしまう。

そこで、そういうバッターには一球、バーンと胸元にほうって身体を起こしてしまうのです。たいていは一球だけでは効き目が薄いから、二球続けてみたりする。

二球続けるためには、先にツーストライクに追い込んでおかないといけない。ツーストライクを取っておいて、ワンボール・ツーストライク、ツーボール・ツーストライクとする。ただし、それもバッターはお見通しですから、こうなると駆け引きですよね。

かつてはそういう駆け引き、楽しみというのでしょうか、おもしろみのある野球ができたものですが、私自身、晩年になるにつれて、勝負における駆け引きが徐々に少なくなっていきました。

なぜかというと、目標をもったバッター、考えて打つバッターが少なくなったから。代わりに、ただ来た球を打つバッターが増えました。

それでも、なかには考えて打つバッターはいて、私がいちばんそれを感じたのは西武の石毛宏典《ひろみち》です。まだルーキーのときでさえ、対戦してみると「こいつはよう考えてるな」と何度か感じたものです。

わかりやすい例を挙げると、石毛の場合、対戦するたびに打つかたちが違う。ランナーがいるときと、いないときでも違う。となると、こちらもそれに対処しないといけない。かなり工夫しているな、と思わされました。

それこそ落合もそうでした。たとえば、ワンアウトでランナーが三塁にいるときには、最低限、外野フライを打ちたい。そのためには、来たボールをなんでも当てるんじゃなしに、どのボールを打てばいいのかと考え、自分で決めて待っていましたよ。

当然、私も外野フライは打たせまいと考えて投げる。でも、どうしても外野フライを打たれる可能性のあるゾーンに投げないといけないときがある。落合もそれを見越して待っている。ここに駆け引きが生まれるわけです。

駆け引きは初球から始まります。初球をどういうかたちで見逃したのか、そのときの場面、状況も踏まえて二球目以降が決まってくる。相手も初球を見て、次にどういうボールが来るかを考える。

かつてはそういう駆け引きがけっこうあって、考えて打つバッターがたくさんいて、〝勝負の綾〟と呼べるものが数多くあった。見ているファンの方がそこまでわかっていたかどうかは別にして、われわれはそこにおもしろみを感じていたんです。

それが、いまの時代はなおさら少なくなっていますから、若干、寂しさを感じますね。

いつの時代もピッチャーにとって三振は絶対的に必要

駆け引きが少なくなったことで、「バッターの裏をかく」時代は終わったといえるでしょう。いまは基本的には、相手バッターの待っているボールがわかったら、その近辺に投げることが主流になっています。

以前の野球では、たとえば、真っすぐを待たれているところにカーブをほうればよかった。あるいは、変化球を待たれていたら真っすぐをほうればよかった。「たぶん外を待っているだろうな」と思ったら、インコースにほうればよかったんです。

それがいまは、「外を待ってる」と思ったら外にほうる。その近辺にほうって、バットを振らせて凡打に打ち取る。「たぶんカーブを待ってるだろうな」と思ったら、あえてカーブを、しかも鋭いカーブをほうって凡打に打ち取る。これが現代野球でしょう。若いピッチャーでもそれなりに経験を積んだ人なら、つねにそういうことを考えて投げていると思います。

言い換えれば、そのためにいま、球種が増えているんじゃないでしょうか。むかしは真っすぐ、カーブ、せいぜいスライダー、シュートまでだったのが、いまはチェンジアップからツーシーム、カットボールと、いろいろなボールをもっていますよね。

それだけバリエーションを増やさないと、少ない球種では抑えられない。「バッターの裏をかく」だけでは抑えられなくなったから、そういうボールで「ごまかしている」ともいえるんじゃないでしょうか。

同じコースに投げるのでも、純然たる真っすぐではなくて、微妙に変化させてバットの芯を外す。そういう技術が必要な時代になったのです。当然、キャッチャーもそれをわかってリードしないといけない。

要は、「バットを振らせる」のがいまの時代の野球なのだと思います。「見逃される」「待たれる」というんじゃなしに、手を出させて、そのうえで打ち取る。

だからヘンな話、バッターにしてみれば、ノーストライク、ワンストライクなら、空振りのほうがまだ助かる、チャンスがある、ということです。なまじっか当たって凡打になったら、余計に悔しいでしょうね。それほど野球が変化していると思います。

変化してきた背景には、前に話したとおり、バッターの技術が年々向上してきたこともあります。それを踏まえれば、統一球の影響もあって「投高打低」傾向になったといっても、いつまた逆転するかわかりません。これまでは振らせて凡打に打ち取っていたものが、凡打にならなくなる可能性だってある。

そういう意味では、バットの芯を外して打たせて取るピッチングが主流といっても、三振を取ることへのこだわりは捨てるべきではないでしょう。三振は、ピッチャーが確実にアウトを取る唯一の手段なのですから。実際、以前にくらべて三振にこだわりをもつピッチャーが少なくなったわけじゃないし、ピッチャーにとってはいつの時代も、三振は絶対的に必要なものなのです。

第3章

抑えのエース

日本シリーズ・対近鉄戦、9回裏1死満塁のピンチで石渡茂のスクイズを投球中に見破りウエスト、1点のリードを守りきり広島が初の日本一に
（1979年11月4日、提供：共同通信社）

1 戸惑いから始まったリリーフ転向

優勝争いにからまないで「守護神」とはいえない

エースと呼ばれるピッチャーがリリーフに回り、抑えに転向する。投手の分業化が確立した近年のプロ野球ではあまりないことですが、それでも、本人がケガをして長いイニングを投げられなくなった場合、もしくはチーム事情で配置転換されるケースはあります。

反対に、まだ分業化が進んでいない時代、私が阪神で投げているころまでは、各チームとも、ときにエースがリリーフで投げることはめずらしくなかった。ある時点で転向するというんじゃなしに、チームにとって大事な試合の重要な局面において、相手の攻撃を封じるためにマウンドに上がったのです。

私自身、エースはそういうものだと思っていて、監督に「行け」と言われたら意気に感じてマウンドに上がりました。他チームのエースもそうだったでしょうし、われわれ以前の先輩方だって、だれしもそうだったと思います。実際、金田正一さんの通算四〇〇勝のうち、救援勝利は一三二もあるんですよ。

そういう意味では、エースとはリリーフでも活躍できるピッチャー。それだけの能力をもっているのですが、やはりエースは先発陣の大黒柱。リリーフをできることが「エースの条件」に入るとは、私は思いません。

エースとは、もっと大きなものです。

たしかに以前は「リリーフエース」と呼ばれ、いまでもその名称は残っています。でもそれは、「分業化された一つの役割のなかで軸になっているピッチャー」といった意味でしょう。先発とリリーフでは仕事の内容がぜんぜん違っていて、そのなかで監督とすれば、エースはチームの勝利を計算できるけれど、リリーフエースに関しては、根本的に勝利を計算できるピッチャーではないのです。

それが証拠に、優勝争いにからむチームというのは、エースがいて、二ケタ勝てる先発ピッチャーがほかに二人、三人いて、しっかりした抑えがいる。でも、その抑え投手が決まってセーブ王になるかといえば、そうではない。極端な話、完投できるピッチャーばかりなら抑えは必要ないんですから。

逆に、下位にいるチームの抑え投手がタイトルを獲ることがままあります。なぜかといったら、先発陣が力不足のためにリリーフ陣に頼るケースが多くなって、「必然的に抑えのセーブ数が増える」ことがあるからです。

だから、これは私の持論ですが、優勝争いにからまないチームで「守護神」とはいえないだろう、と。近年はクライマックスシリーズという制度ができて、レギュラーシーズンで三位までに入ればいいようになったので、若干、以前と状況は変わってきたけれど、抑えのセーブ数が多いことがチームの勝率の高さに直結しない場合はあるということです。

ピッチャー自身にとっても、「セーブは勝ち星とはまったく中身が違うもの」という認識がいまでもあると思います。やはりピッチャーというのは、セーブより勝ち星が欲しいもの。これは絶対的な基本なんです。

「セーブ二つで一勝ぶんだ」などとよく言われますが、実際には、セーブを一〇個集めても一勝には届かない。それぐらい、ピッチャーにとっては勝ち星のほうが値打ちがあり、最良の薬であり、奮発剤にもなるんですね。

ということで、私の場合はあくまでも、先発だけが「エース」の名称にふさわしい立場の人間じゃないかと考えていて、いまでもその思いは変わりません。

悪くいえば「リリーフは落ちこぼれ」だった

そのように思っていた私が、阪神から南海に移籍して二年目の一九七七年、抑えに転向することになりました。本来ならば当然、新しいチームでも先発をずっと続けたかったんですが、それこそケガ、腕の故障によって球数を多くほうれない、長いイニングを投げられない身体になってしまった。

五体満足だったら、同年代の鈴木啓示や山田久志、あるいは堀内恒夫みたいに、先発で通していたでしょうね。それができなくなったことが、自分では心残りといえば心残りです。ある意味では、鈴木や山田がうらやましい。

鈴木には「ええなあ、両方経験して」なんて冗談で言われたことがあります。山田にも同じように言われました。でも、自分自身の思いは、そういうものではないんですよ。やはり、自分がめざした野球は、先発として、もっともっと大きなエースとして投げつづけることでしたから。

私の野球人生をご存じのファンの方には意外かもしれませんが、「抑えをやっていてよかった」なんて思ったことは、自分では一度もありません。

そのむかし、取材などではよく、「あなたがもう一度、現役で野球をできるとしたら、ピッチャーをやりますか？　バッターをやりますか？」と聞かれたんですが、当然、「ピッチャー」と答えます。そこで「先発ですか？　リリーフですか？」と問われたら、答えは「だれがリリーフなんてするか」でした。

たしかに勝った瞬間にはホッとして喜びを感じることはあったし、広島時代、日本ハム時代にリーグ優勝、日本一に貢献できた経験は私にとってかけがえのない思い出です。山際淳司さんが書かれた『江夏の21球』によって、抑えという仕事が注目されるようになったのも、野球界にとってはよかったかもしれません。

でもそれは、ずっとあとになってふりかえってみれば、という話であって、現役時代は、ほんとうに「よかった」と思ったことはない。

じゃあ、なぜ私はそこまで先発にこだわったのか——。

逆説的ですが、その時代は、リリーフに回ること自体が嫌だったんです。

いまでこそリリーフ陣のなかにあって、抑えはもとより、中継ぎであっても八回を受けもつピッチャーは「セットアッパー」と呼ばれて注目されます。ホールドという記録もできて、最優秀中継ぎ投手というタイトルもある。

ところが当時は、リリーフで飯を食える時代ではなかったんですよ。なんといっても、私が抑えに転向したときは、日本のプロ野球にセーブ制度が導入されて、まだ四年目でした。

ましてや、セーブという制度は、先にアメリカで導入されていたものですが、じつは、われわれ選手たちが球界のお偉方にお願いしたこともあって導入され、タイトルになったんです。それぐらい、当時の日本球界ではリリーフの立場は下に見られていて、値打ちが低かった。悪くいえば「リリーフは落ちこぼれ」であり、「先発できないピッチャーがやるもの」というレッテルが貼られていました。

いいピッチャーは先発して勝ち星を挙げる。数多く勝ち星を挙げた者が選手のあいだで認められ、周りからも認められ、そのなかで勝ち頭でありつづける者が「エース」と呼ばれる。一方で、その先発枠から外れたピッチャーは、周りからワンランク下に見られながら、リリーフに回る――。

そんな時代に「抑えをやってくれ」と監督に言われたところで、戸惑いがあって当然ですよ。はっきり言って、私はつらかった。「抑えに回る」と口で言うほど簡単なものではなかったんです。

「革命」と言われたところで調整法がわからない

抑え転向の件で野村克也監督と話し合っているときに、監督が「野球界に革命を起こさんか？」と私に言った話は、プロ野球にくわしい方ならご存じでしょう。

まだまだ先発に未練があった私に対して、抑えという仕事に活路を見出してもらおうとして、監督がそんな言葉を使ったと伝えられています。一九七七年五月の末、遠征先のホテルでのことでした。

でも、実際には私自身、「革命」と言われても、「何が革命なのか」わからなかったし、どういう意味なのかさえわからなかった。のちのち聞いた話では、そのときの監督は眠たかったから、「いいかげん、早く話を終わらせて寝ようか」と思っているときに、たまたま「革命」という言葉が出てきたらしい。

そんな状況でしたから、私はその日を境にきっぱりと転向を決断したわけでもなく、なんとなく納得したようなものでした。

もっとも、「革命」という言葉が意味不明なだけに、何か印象に残るものがないわけではありませんでした。その後、先発した試合で結果が出なかったこともあって、やむなく転向を受け容れた。これが事の真相です。以降、野村監督はいっさい、私を先発では使わなくなりました。

受け容れたのはいいんですが、リリーフとしての調整、コンディションづくりなんて、どうしたらいいか、さっぱりわからない。前例がなくて、教科書がないんですから。たしかに、当時の南海では佐藤道郎が抑えを務めていたけれど、それにしたって、彼は年に何度か先発で投げていた。完全にリリーフ専門というのは前例がないんですよ。

まして、監督に「調整法がわからない」と言うと、「好きなようにしろ。自分でつくれ」と返された。それから、どれほど苦しかったか……。

私は考えて、新聞社の親しい記者に「アメリカのリリーフピッチャーの調整法を調べてくれないか」とお願いしました。実際に資料ももらった。でも、いざ見てみると、アメリカ式が難しいというわけではなくて、自分には合わないと気づくわけです。

前例がないのは自分だけじゃなしに、チームメイトも同じです。投手陣はまだしも、野手の方にすれば、完全にリリーフ専門のピッチャーなんてまったく想像もつかない。そのために、選手として嫌な思いを何度もしました。

なかでも、野村監督から一つだけ指示された「リリーフ専門としての試合への入り方」。これがチーム内で問題になったんです。

リリーフ専門のふるまいが野手陣から反発された

野村監督からの指示はこういうものでした。

「江夏、おまえは毎試合、登板のスタンバイをしておけ。終盤以降、自分たちがリードしているときにはいつでも出られるように。その代わり、ゲームの前半は好きにしてていい。ベンチに入らなくてもいいし、ロッカーで休んでいてもいいから」

この言葉が、ほかの選手たち、チーム全体に伝わっていればよかったのですが、なぜか監督は伝えていなかったんですね。

そうとは知らない私は、監督の指示どおり、五回まではロッカーでマッサージをしてもらって、六回ぐらいから着替えてベンチに入るスタイルを始めました。

ところが当時のプロ野球の風習では、たとえゲームに出ないピッチャーでも一回からベンチに入り、控えのピッチャーも登板のあるなしにかかわらず、ある程度はゲームを見て、ブルペンが空いたら順番に投球練習を始めるものだったんです。

だから、何も知らない野手の方たちは私の行動を見て、「江夏はなにを勝手なことをしているんだ」と反発したんです。当然ながら、控えの野手だって、一回からベンチに入りますからね。

とりわけ嫌な思いをしたのは、外野手の広瀬叔功《よしのり》さんから文句を言われた一件です。広瀬さんは人望が厚く、優しいお人柄で、私にとっては南海でいちばん愛すべき先輩でした。それが、ある日の大阪球場のロッカー、チームメイトがそろっているところで突然、怒鳴られたんです。

「ナニしとんのや！　一回からベンチに入ったほうがいいぞ！」

大ベテランの広瀬さんにすれば、私の行動に反発しているほかの選手たちの代表として、文句を言いにきたようでした。驚いた私はよっぽど言い返そうかと思いましたが、ここで言えば余計に角が立つと考えなおして、「わかりました」と答えて、その場は終わりました。

もちろん、内心は悔しかったですよ。ひと言、野村監督が親切心をもって、選手みんなに説明してくれていたらよかったのに、監督はそこまで配慮が利かない人だったんですね。ピッチングコーチの松田清さんは事情を理解していましたけど、立場的に、野手に伝えるのは監督しかいない、と考えておられたのでしょう。

広瀬さんには何日か経ったあとにしっかりと事情を説明して、納得してもらいましたが、とにかく試合への入り方一つとっても、「リリーフ専門はこうすればいい」という前例がなかった時代。すべて自分で試行錯誤してつくりあげていくしかなかった。

どんな世界でも、新しい道を先頭に立って歩くのはどれほど苦しいか、どれほど人には言えない部分があるか、これは経験した者にしかわからないと思います。

「俺がチームを引っ張ってやっている」という考え方

いまや抑え投手、セットアッパーと呼ばれるピッチャーが試合中にどう過ごしていようと、だれにも文句は言われません。みんなそれが当たり前だと思っているでしょう。そんな状況を見ていると、たいへんおこがましい言い方になりますけど、「その地盤をつくらせてもらったのは自分なんだ」と言いたくなるし、それなりの自負はあります。

もっとも、その後、メジャーで一時代を築いた抑えの調整法を勉強する余裕ができたとき、自分でやってきたことは間違っていなかったと思える部分もありました。

たとえば、一九八〇年代のロイヤルズで活躍したダン・クイゼンベリー。横から投げるピッチャーですけど、彼の調整法は独自のもので、同じチームの一員でありながら、まったく別行動をとっていたそうです。

また、七〇年代からアスレチックス、パドレス、ブリュワーズで抑えを務めたローリー・フィンガース。セーブ王に輝くこと三回、八一年にはサイ・ヤング賞とアメリカン・リーグMVPを獲得した真のクローザー。彼がブリュワーズに在籍した八五年、私はメジャーをめざしてスプリングキャンプに参加しており、彼と出会いました。

時間があるとき、フィンガース本人に聞いてみたところ、彼もまた、「調整法は自分独自にやるんだ」と言っていた。「チームの一員」という考えはないんです。カイゼル髭《ひげ》がトレードマークの一風変わった男でしたけど、「俺がチームを引っ張ってやっているんだ」という考え方なんですね。

やはり、それぐらいの強い意志がなければ、抑えはなかなか務まらないんだな、ということを教えられたし、分業制が確立したアメリカにおいては、抑えはまったく別の人種なんだと思い知らされた。

それはもう、いまの野球関係者が聞いてもびっくりするようなことを平気で言っていましたよ。当時三十八歳でチーム最年長だったフィンガースなんて、若手が一生懸命に練習しているのを見て、「そんなに練習をしてもうまくならんよ」などと口に出してしまう。言葉が個性的というか、神経がふつうではないというか。えてして、人間をそう変えてしまう分野なんですよね、抑えというのは。

なぜなら、抑えが出ていく局面は、味方チームがリードしていながら、マウンド上においては苦しい瞬間ばかり。だから、私自身も経験がありますが、神経がおかしくなるのか、麻痺してしまうのか、考え方そのものも、ちょっと変わってきますよね。その点では、優等生的な発言をする日本人のような抑えは、メジャーには決していないですよ。

最近では、ヤンキースのマリアーノ・リベラがそうでしょう。ときたま、彼のコメントが出ていますけど、つねにおもしろい言葉を発していますよね。

二〇〇九年、リベラが通算五〇〇セーブを達成したときには、抑えとしてのモットーは「早く終わらせることだ」と新聞に出ていたのですが、その理由は「みんな数時間も試合をして早く家に帰りたがっているから」だそうです。この言葉の裏には「俺がチームを引っ張ってやっているんだ」という発想があると思ったし、そこにユーモアを効かせて話せるところが「らしさ」だと思います。

リベラは二〇一一年、メジャー歴代一位となる六〇二セーブを記録しました。時を同じくして、中日の岩瀬仁紀が三〇〇セーブを達成したけれど、文字どおり倍ですよ。抑えという仕事に関しては、まだまだアメリカに学ぶところはあると思います。

抑えになってから移動日もボールを握ることを心がけた

リリーフ専門になれば、毎日、連投に備えての身体づくり、コンディショニングづくりをできることが、成功のための必要条件になります。

先発だったら基本的に、中四日、中五日のコンディショニングづくり。それがリリーフとなれば、三〇球以上ほうっての連投は難しいかもわかりませんが、一日およそ一五球が一つの目安。前に話したとおり、これはアメリカで編み出された方式で、一日一五球までなら翌日に疲れが残らない。肩やヒジに負担をかけないで連投できるという考え方に基づくものです。

ただ、そのためのコンディションづくりは、自分で考えて築いていかないといけない。とにかく連投するための練習法、調整法に取り組むことが大事です。

私自身、先発からリリーフ専門になった時点で、新しく始めた練習法がありました。「シーズン中は毎日ボールを握る」ということです。

それまで先発のときは、そこまでしなくてもよかったんです。ただし自分自身は、練習に出ればキャッチボールはしていました。

いまはそういうピッチャーが少なくなって、先発で投げた次の日はほとんどノースローでしょう。ノースローどころか、グラウンドに出てこない選手もいるけれど、われわれの時代はノースローなんて、まず考えられなかった。たとえ完投した翌日でもグラウンドに出てきて、ユニフォームに着替えて、それなりに汗をかいて、軽く山なりのボールをほうっていました。でも、さすがに毎日じゃない。

たとえば、移動日とかゲームがない日。主力選手は休めるので、その日はまったくボールを握らなかったのです。なかには毎日キャッチボールをする人もいたでしょうけど、私の場合、とくに移動日だけは完全にノースロー。

それがリリーフに転向した時点で、ボールは必ず毎日握る、キャッチボールはする、ということを習慣づけたんです。たとえ移動日であっても、キャッチボールをして、軽く練習してから移動する。もしくは移動したあと、着いたところで、キャッチャー相手に少しボールを投げる。

毎日ボールに相対する、向き合うことを自分で心がけて、好んで練習に出ていった。そういうコンディションづくりで、身体をコントロールしていきました。

ところで、キャッチボールには二つの意味があります。一つはゲームに備える予備運動ですが、もう一つ、疲れを取るマッサージ代わりにもなる。筋肉をほぐすうえで効果的なんです。それを理解してしまえば、完投したり、長いイニングを投げた次の日のキャッチボールが、そんなに苦痛ではなくなります。

完投した翌日にキャッチボールをしたら、「疲れが出て、余計に疲れがたまって、次の日に影響するんじゃないか？」という考え方もあるでしょう。ただ一方で、投げて張った筋肉は投げてほぐす、汗をかいてほぐす、というのも、次の日の疲労回復につながる一つの方法ではあるんです。いまで言うところの「クールダウン」、試合で投げ終わった直後に軽くキャッチボールをするのに近いかもわかりませんね。

そういう意味では、われわれの時代の方法も理に適《かな》うところはあったと思います。それを疲れるんじゃないか、投げなくてもいいんじゃないか、と疑問に感じながらやったら、余計に疲れるでしょうね。これも考え方一つなんですよ。

試合で失敗したときの最高の気分転換が麻雀だった

一説によると、われわれの先輩の小山正明さんは、阪神時代もしくはロッテ時代、投げて完投したら、次の日にはゴルフに行っておられたそうです。「例外的に、小山さんだけが特別に許されていた」という話を聞いたことがあって、これは中日の権藤博さんもそうだったらしい。権藤さんは入団した年から二年連続三〇勝を挙げながら、短命で終わってしまった方ですが、お二人ともそれぐらいゴルフが好きだったんですね。

当然、シーズン中の登板の合間にゴルフなんて……と思われる方もいるでしょうし、私も現役のときはいっさいやらなかった。ただ、好きなゴルフをやることは、身体のコンディションを整えるとともに、心のケア、気分転換につながったはずです。プロなのだから自分の好きなことをやって、束の間でも野球を忘れるのは必要なことだと私は思う。

ゴルフに行って、きれいな空気を吸うだけで気分が晴れることもあるでしょう。人によっては、映画を観ること、家で子どもさんと一日遊ぶことが心のケアになるでしょう。それはもう、趣味や好きなことというのは、その人、その人のやり方がありますから、野球選手だからこれが絶対いいんだ、これは悪いんだ、というものはないし、自分自身にとって野球以外に好きなものが早く見つかるといいですよね、プロ野球選手は。

私の場合は、完投して勝ったら、その夜には好きな麻雀。これが最高の気分転換でした。われわれの時代、チームが遠征先に行くと、宿舎には必ず娯楽室というのがあって、そこがつまりは麻雀部屋になるわけです。

指導者からしても、外に出て遊ぶよりは宿舎で遊ぶほうが何かといいだろうということで、認められていました。たいてい四卓、五卓、置いてあって、いつでもいっぱいになっていた。それぐらい、いまと違って麻雀をする人がたくさんいたんです。

まして、抑えになったときには、登板したあと毎晩のようにやっていた。打たれたとき、抑えに失敗したとき、野球から解放される、野球のことを忘れられるのは麻雀しかなかったですから。自分でそう思い込んでいた部分もあります。

私の場合、麻雀は、チームメイトとはほとんどしなかった。チームから離れてやっていました。ときたま宿舎でやるときもあったけれど、基本的には、野球界とは別の人間と卓を囲んだ。そういう場で野球の話もしたくなかったし、野球のことを突っつかれたくなかったし。自分としては、野球を忘れるために麻雀をするわけですから、そういうことは心がけていました。

日本ハム時代には、そのような自分に適した場所もあったんです。当時マネージャーをやっていた森という男と、外野手の千藤三樹男、キャッチャーの加藤俊夫に連れられていった店が、私にはたいへん心地よかった。

オーナーは同じ野球界の先輩、ヤクルトで「名スカウト」と言われた片岡宏雄さんで、その方の奥さんがやっている店。そこに来る人間は、たまに野球人もいましたけど、ほとんど別の世界の方ばかりで、そういう意味では気が楽でした。

チームから離れた場所とはいえ、もともと同僚に連れられていったんですから、私がそういう場所で気分転換しているのはみんな知っていたと思います。それでも「いっしょに連れてってくれ」と頼まれたことはなくて、当時の現役選手で連れていったのは、ロッテの落合博満ぐらいです。

私生活を含めて自分でコントロールできるのがエース

落合とは一九八一年、ロッテと日本ハムでプレーオフを戦ったあと偶然に会って、「麻雀をしたい」と言うので連れていったんです。

あのとき、落合がリーチをかけてきて、その待ちを私が指摘すると、「なんで江夏さん、わかるの?」って聞いてきた。私は「そんなもん、野球とおんなじで、おまえの読みなんてすぐわかるわい」と答えた。「野球でもじっと待たれるほうがピッチャーは怖いんだぞ」って続けたんですが、すると次の年、前に話したとおり、それまではなんでも一球一球、追いかけていた落合が、図々しく待つバッターに変わって三冠王を獲ったわけです。

たぶん落合は、私の何気ないひと言を参考にしたと思うんですよ。もうシーズンオフでしたから、麻雀をしても自然に野球の話が出てきたし、彼にとっては「運命の麻雀」だったかもわかりません。麻雀にはそういうおもしろさもある、ということです。

ところで気分転換といえば、ふつうの選手だったらお酒を飲むのがいちばん手っ取り早いかもわかりませんが、私はアルコールがダメでした。あるいは、女性と会って気分転換という人もいるでしょうけど、女性というのは一瞬ですからね。そのあと疲れるだけですから、私はそれよりか麻雀。そして寝ないでグラウンドに練習に出て、ひと汗かいて、というのが一つのリズムであり、パターンでした。

ただし、麻雀に義務や義理は関係なく、ただ好きでやっていたから、疲れを感じたり、今日はよくないなと思ったらパッとやめた。お酒だって、義務や義理で飲んだら苦しいでしょう。体調が許すかぎり、気分よく飲むのがいちばんいいわけです。

だいたい、野球選手がお酒を飲むのは、完全に熟睡するため、ゆっくり休むためであって、飲むたびに深酒しているようではどうしようもない。私の麻雀もそれとおんなじで、自分で適度にコントロールしていたものです。

いまの時代はテレビゲームやパソコンを趣味にする人が多いからか、麻雀をする選手は少なくなりました。そもそも寝ないでグラウンドに出るような選手など、まずいないと思います。当然、身体にいいことではないですからね。

ただ私にとっては、その行動パターンも含めてコンディションづくりだったんです。自分にとっていい方法を、自分自身で見つけていったにすぎません。本来、私生活に関して、人から「こうしなさい、ああしなさい」と言われてするものではないですからね。

もっとも、私が若いときにはそれも許されたけれど、いまのプロ野球選手は案外、同じものを食べて、同じものを着て、同じように生活する時代になっています。チームにコンディショニングのコーチがいるのも当たり前になりました。

そういうなかにあって、ある一人の選手が特別に、自分独自のコンディションづくりをするのは難しいのかもわからない。でも、そこはコーチを通して監督と話し合えば許されることだと思うし、とくにエースと言われる人なら難しくないと思う。

私生活と切り離せない趣味や好きなこと。自分に合ったコンディションづくりのために、それらをしっかりコントロールできるのが大人であって、なおかつ、それがいい選手への道につながり、ピッチャーであればエースへの道につながると私は思います。

自分でコンディションづくりをして、私生活を含めて自分でコントロールすることすらできないで、なんで「エース」と呼ばれるかと言いたい。

エースというものは、そんな簡単なものじゃないんです。

2 抑え投手は自分をだませなくてはならない

ほんとうにホッとできるのは一日のうちにわずか十五秒

エースの条件の一つに、ゲームのなかでの修正能力の高さがあります。

たとえば、いまなら「ダルビッシュは修正能力がすごい」と言われるように、いいピッチャーはみな、調子が悪ければ悪いなりのピッチングをして、立てなおしができる。このことをつねに心がけている人がエースに近づく。

じゃあ、いい抑えの条件とは何か。その点、「佐々木主浩のフォークボール」「高津臣吾のシンカー」「岩瀬仁紀のスライダー」と言われるように、絶対的な武器となるボールは不可欠です。私の場合はアウトローの真っすぐしかなかったですけどね。

ただ、絶対的な武器さえあれば抑えで成功できるか、というと、決してそうじゃない。同じリリーフでも、いま名前を挙げた「抑えで一時代を築いたピッチャー」と、中継ぎクラスのピッチャーとでは決定的な違いがあるんです。

というのは、中継ぎクラスのピッチャーだったら、「ああ、今日はボールのキレがいいな」「今日はボールが走ってるな」といったことも言えるけれど、ほんとうの抑えとなってくると、調子がいい悪いなんて関係ない。マウンドに上がればすべて調子がいい。これは、エースの条件の一つである修正能力の高さとは対極にあるものです。

抑えは、たとえブルペンで調子が悪くても、「調子がいいんだ」と自分で自分に言い聞かせる。自分をだますことが大事なんです。「今日はボールの走りが悪いな」とか、そんなことを思っている暇はないし、そういう考えは頭からどけないといけない。

正直な話、私自身、連投が続いたときなどは、「今日はどうにも調子が悪くて仕方ない」というときはありました。自分も人間ですからね。でも、それを周りに見せない、悟らせないよう心がけた。「俺はマウンドに上がったらつねにベストなんだ」と言い聞かせた。それぐらいの図太さと、少々のことでは動揺しない精神状態をつくっていく。抑えはそのようにしてマウンドに上がらないといけないんです。

先発であれば、ゲームの前半、一球のコントロールミスで失点につながったとしても、いま言ったとおり、ピッチングを修正して、どこかでまた補うチャンスがある。補うことができたら、効果的な打線の援護を受けられるかもわからない。

しかしながら抑えとなれば、修正している暇はない、補うチャンスもまずない、ということです。言い換えれば、たった一球でゲームの流れが変わってしまう、動いてしまう、決まってしまう。だからこそ、余裕がない、時間もない。

先発の場合は、たった一球で、というケースはほとんどありません。抑えにくらべれば余裕がある、とはいえるでしょう。もちろん、先発は長いイニングを投げるのが仕事で、完投しても、次の中五日、中六日での登板は決まっているわけですから、それに合わせてコンディションづくりをしないといけない苦しい部分もある。

ただ、先発は完投したら、勝ったら、次の日は精神的にも解放されますけど、反対に抑えの場合、ほんとうにホッとできるのは、一日のうちにわずか十五秒か二十秒でしょう。

つまり、最後のバッターを打ち取って、マウンドからベンチに帰って、監督、コーチ、先発ピッチャーと握手する。「ご苦労さん」と言われる。それまでのあいだだけですからね。そして次の瞬間、明日の試合が待っている。

これはもう、抑えの宿命です。

なぜ外のカーブで必ず初球ストライクを取れたのか

私が抑えになってからよくほうっていたボールに、「右バッターへの外のカーブ」があります。これはクリーンアップを打つバッター、強打者に対した場合、初球にほうると、まず手を出してこなかったんです。

なぜ、手を出さないのか――。

外からヒュッと曲がるカーブというのは、バッターにとって難しいボールです。カウントが追い込まれたら、そういうボールでも手を出すものですが、初球から自分のかたちを崩してまで難しいボールに手を出すことはない。

仮に初球、身体の近くに甘いボールが来たら振るでしょう。強打者はそうやって、追い込まれるまでは甘いボールを待っているものだし、できればそのボールをとらえてホームランを打ちたいと思っている。「打ちたがり屋」と言われる人や、自信をもっている人ほど手を出してきません。

反対に、打順でいえば二番、七番、八番、つなぎ役や下位打線の人は意外に手を出して、ライト前にちょこーんと弾き返したりする。打てるものなら打って、チャンスをつくろう、次につなごうと考えているからです。

じゃあ、ホームランを量産できる右バッターが、ライト前にちょこーんと打って、喜ぶと思いますか？　まず喜ばないでしょう。

ということは必ず、外へのカーブで初球ストライクを取れる。バッターからすれば、ストライクを取られるのをわかっていて打てない。その典型例が、石嶺和彦（阪急ほか）、中畑清（巨人）でした。

清はよく言っていました。

「あの、江夏さんの初球の外のカーブ。わかっていても手を出せません。もったいなくて」

この「もったいない」という感覚。ピッチャー出身の私にはいまだにわからないんですが、強打者はみんなそうらしい。

要するに、どういうボールを打てばホームランになるか、長打になるか、重々わかっているから、外のカーブに手を出すのは「もったいない」わけです。と同時に「もしも、初球からあんな難しいボールに手を出して、凡打したら後悔する。自分自身に腹が立つ」という思いもあるようです。

となれば、そうした相手バッターの心理を利用して、手を出さないと確信してカーブをほうる。それでワンストライクを取ったら、絶対的に優位に立てる。こんなちょっとした工夫が、すべての面でプラスになっていくんです。

カーブ一つのほうり方によっても、勝負球で使うカーブと、外から入ってくる初球のカーブでは意味合いが大きく違う。しかも、この外のカーブは、フリー打撃練習で投げたら、だれでも打てるようなカーブです。ところが、試合における強打者との勝負にかぎっては、同じカーブが難しいボールになり、有効な武器に変貌《へんぼう》する。

ピッチャーというのは、技術だけで打ち取るものではないんですよね。技術に加えて、人間の心理を利用した「勝てるボール」も必要であり、それは工夫することでしか生まれないんじゃないか。私はそう思っています。

究極の理想は九回を二七球で終わらせること

右バッターへの外のカーブは、初球にほうるからこそ生きたんですが、ピッチャーにとって、初球の入り方ほど難しいものもありません。

配球というものを考えるうえで、初球の入り方だけは、どんなに計算しても答えが出ない。一球目の次には二球目、二球目の次には三球目というつながりでいえば、一球目の前には何もない。一の前はゼロですから。

そこでピッチャーは相手バッターの特徴だけじゃなしに、前の打席、前の試合の対戦を頭に入れておく。なおかつ、目の前で動いている試合の流れ、イニング、点差、控えの選手から風向きにいたるまでを把握《はあく》しておいて、瞬時に計算して答えを出す。

ただ、それでも初球というのは、計算どおりにはいかないケースがあるから難しい。たとえば、くさいコースを突いてファウルになって、ワンストライクを取れた反面、「初球からねらってきたな」と怯《ひる》んでしまうこともある。そうなると配球もガラリと変わる。

よく「様子見でボール球から入る」と言われるけれど、ボール球を振ってくるバッターもいて、「なぜこの球を振ってくるんだろう」とか、いろいろ考えて迷ってしまうときだってある。私自身、先発のときは、とくにそういうことがあって嫌でした。

一方でリリーフになってからは、「ボールで入った初球に手を出してくれて、凡打になったら楽」という気持ちでほうっていた。打たせて取るほうがリスクは小さいし、自分がもう晩年になっていただけに、球数は少なくてすむほうがよかったわけです。

ほんとうに極端な話をするなら、一試合を二七球で終われる、ということ。すべてのバッターに初球からバットを振らせて、凡打に打ち取るピッチング。これが自分でリリーフになってからの、究極の理想でした。

反対に先発のときは、一試合、九回で八一球が理想。要するに、すべてのバッターを三球三振で片づけて、二七個のアウトを取るピッチング。

つまり、どちらにしても完全試合ですが、ピッチャーの理想はまず完全試合。次にノーヒットノーラン、完封、完投、五回を投げて勝利投手という段階がある。高い理想があるからこそ、それを追い求めて、考えて投げることができるんだと思います。

もっとも、八一球を究極の理想としたのは、阪神時代、自分がまだ二十代で若かったからこそ。若いときというのは、相手の技量、力量に関係なく、自分自身が主体であり、自分のボールさえよければ打たれない、という頭でいるからそんな考えになる。

それがリリーフという商売をやるようになって、自分の力の衰えがわかってくると、逆に相手の技術を利用する、力を利用する、という考えに変わっていった。だから初球から振らせるピッチングをめざしたのですが、球種豊富ないまの時代のピッチャーなら、それは特別に難しいことではないかもわかりません。

というのは、前に話したことにもつながりますが、あらかじめ真っすぐを微妙に変化させてバットの芯を外し、打ち損じをねらうピッチングができるからです。ある意味では、初球の入り方をそれほど難しく考える必要がないともいえる。

ただ私の場合は球種が多くなかったから、それで振らせるにはどうしたか。

答えは、「相手バッターを見る」ということ。相手のねらいを瞬時に感じ取って、察知してはじめて、手を出さざるをえないボールを一球目に投げられる。そのことがいかに大事であるか、私はいまの若いピッチャーにも知ってほしい。言い換えれば、いい変化球をもっていても、初球の入り方を甘く考えないでもらいたい。

ピッチャーにとって、初球は永遠のテーマ——。私はそのように考えています。

晩年の自分は相手バッターを見ることばかり研究した

私は南海時代にリリーフ専門になって、抑えを務めるなかで失敗もしました。そのなかで、自分で投げる瞬間に「しまった！」とわかるケースがあった。

これは、コントロールミスとは違うものです。自分でバックスイングをとって、相手バッターをパッと見たとたん、タイミングがどんぴしゃり合ってしまって「あっ」となる。そういう経験を何度したかわかりません。

ただ、この経験こそが「相手バッターを見る」という技術につながっていくんです。そういうときに、自分にちょっとした余裕があれば、外すこともできる。

当然、それはすぐには無理ですよ。やはり、数多く打たれて、数多く痛い思いをして、自分で数多く反省した結果が、そういう技術につながっていくのだと思う。そして、反省から生まれたいちばん大事なものは、「もう打たれたくない」という気持ち。

その気持ちがあったから、私は晩年近くなって、けっこう緩い球でかわせたんだと思います。「タイミングが合ってしまった」と思えば、パーンと抜いたり、スライダーをかけたり。キャッチャーはおろおろしていました。「何ですか、いまのボールは?」と言うので、「ほっとけ。魔球じゃ」と返したこともあった。

ブルペンでの練習ではシュートもスライダーもほうれなかったのが、本番になったら、抜いたり、引っかけたりできた、ということはすでに話しましたが、それも、相手バッターを見ることを研究して覚えたからです。

日本ハム時代、晩年の自分は、相手バッターを見ることばかり研究しました。

たとえば、フリー打撃練習で投げるとき、周りから見たら、「なんだ、軽くほうってるな」と思われるようなときでも、自分としては見るところをきっちり見ていた。ブルペンでもたえず、バッターが立っていなくても、バッターが立っているような感覚でほうっていた。それも練習における工夫ですよ。

一生懸命、ブルペンで一〇〇球なら一〇〇球、力いっぱい、ただ力まかせに投げる。リリーフになってからも、キャンプではそういう時期を大事にしました。でも、それを通り過ぎたら、工夫を加えていくんです。軽くてもいいから、その代わりに軽いなかでもボールを離すところは、自分でバッターがいると仮定して投げるようにした。あくまでも仮定ですから、実際にはできないんですけど、それがいざ試合ではできるようになる。

だからこそ私は、日本ハム時代、緩いボールであっても、年間二〇、三〇とセーブを挙げられたんだと思っています。当時、私の真っすぐは、速くても一三〇キロ台前半。その程度の真っすぐでも、バッターを見て投げることで、相手にとっては嫌なボールになる。こういうことが投球術につながっていくんです。

投球術を身につけるためには、もちろん、スピードだけじゃなしにコントロールも必要。そのコントロールをどこで養うかといったら、練習しかありません。そして、あとは自信。

練習で自信をもって取り組めるか、試合で自信をもって投げ込めるか。

私はよくお遊びでゴルフをやるんですが、ゴルフの世界でそれなりのプロの方でも、かなり高度な技術をもった方でも、口をそろえて言うのは、「ドライバーを打つのはある程度、力まかせに打つ。パターだけは自信だな」ということです。

たとえば、カップまで一メートル以内の、目をつぶっても入るような距離でも、パットできなくなるときがあるそうです。それぐらい、パターというのは精神的なものが大きく作用するもので、「かたちよりも気持ちだ」と言われる。これはピッチングに通じる部分があるかもわかりません。

藤川が抑えで成功したのはめずらしいケース

若いピッチャーが抑えを務める場合、理想的には、ある程度は先発を経験して、結果を残してからのほうがいいでしょう。やはり、先発としてさまざまな場面、状況に応じたピッチングを覚えたほうが、抑えになっても成功しやすい。われわれの時代はそれが当たり前でしたが、いまや、そうでなくても成功できる面がある。

最たる例は、阪神の藤川球児です。彼はプロ入り当初、先発で期待されていたピッチャーですが、失敗ばかりしていました。野村克也監督時代、いつでも四回、五回で崩れて、チームの敗戦を背負っていましたよね。

以前、野村氏に聞いたことがあります。はじめて藤川を見たとき、いちばん最初に本人に注文したことは「もっと太れよ」ということだったそうです。それぐらい、身体の細い選手だったらしいですね。

そんな藤川が、岡田彰布監督のときに、当初は一イニング、二イニングの中継ぎで使われるようになった。二〇〇五年二月のキャンプのとき、岡田監督が佐々木の「大魔神」にあやかって、藤川を「小魔神」と呼んでいましたから、ゆくゆくは抑えにしたかったようです。実際、その年の藤川はリリーフで成功して、いつしか「セットアッパー」と呼ばれるようになって、二〇〇七年からは抑えに固定されたわけです。

ただ、藤川の場合は「抑えでしか使えないピッチャー」といえます。なぜなら、もともと投球術のあるピッチャーではなかったし、先発で結果を残していないぶん、場面、状況への対応力も身についていないからです。要は、ボールの力で勝負する、ボールの力でバッターを仕留めるピッチャー。

これはこれで、もちろんすばらしい能力です。ストライクゾーンでバッターを牛耳れる藤川のボールの力は一級品ですよ。ただし、ゲッツーを取りたい場面でゴロを打たすとか、牽《けん》制《せい》でランナーのスタートを遅らせるとか、ピッチャーとしての細かい配慮は、まったくと言っていいほどできない。

そういう意味では、藤川の場合、ストライクゾーンに力のある球をほうって、バッターを三振に斬って満足する。投球術というものはいっさいもてない。私に言わせれば、「そこまで頭がいかないピッチャー」なんですね。

だから、たとえばランナーを置いた場面、ノーアウト、もしくはワンアウト一塁、三塁、あるいは二塁、三塁で藤川がマウンドに上がって、「点をやるな」と言われたところで難しいでしょう。できるのは、三振をきっちり取れるときだけだと思います。要するに、調子がよくて、ボールが走っているときだけ。

言い換えれば、ボールが走っていないとき、点が入りやすいピンチの場面でマウンドに立ったら、かぎりなく抑え失敗に近づくということです。ファンの方も、ランナーを出したとたんに藤川が苦しんでいる姿、容易に思い浮かぶと思います。

でも、それでも藤川は抑えで活躍できた。一時は〝ＪＦＫ〟と呼ばれた強力リリーフ陣の一角を担って、五年間、抑えのポジションを守ってきたんですから。十分に抑えに向いていたと思うし、藤川自身、力以上のものを出して成功できたと思います。

考えてみれば、こういうケースはめずらしいですよ。先発できなくなったピッチャーが抑えとしてハマったことにしても、投球術がいっさいないのに成功できたことにしても、例外中の例外といえるでしょうね。

配置転換による抑え経験を先発で生かせ

例外といえば、藤川本人だけではありません。投手出身ではない岡田監督が、何年も先発で結果の出ない藤川をリリーフで使って、成功に導いたこともめずらしいケースです。野手出身の監督だと、そこまでピッチャーを見る目がないことが多いし、なかには先発の大事さ、抑えの大事さをわかっていない人もいるからです。

どこのチームとは言いませんが、とくにピッチャーの起用法を見ていて、「この監督は野球を知らないな」と思うときさえあります。そういう場合、ピッチングコーチまかせになっているわけですけど、そうなると起用法で失敗しやすい。やはり、チーム全体を見ている指揮官の判断なのか、基本的に投手陣しか見ていないコーチの判断なのかによって、起用法はだいぶ変わってくるものです。

その点、投手出身の監督というのは、戦力を構想するときに、まず「先発要員が何人」と計算して、次は後ろから、つまり抑えからリリーフ陣をつくっていく。これはもちろん、いまの時代の監督すべてに必要な考え方ですが、投手出身の方は一概にはいえないにせよ、野手出身の方にくらべると投手陣のつくり方に間違いがないですよね。

一方で、投手出身、野手出身監督の違いは別にして、シーズン途中の配置転換ということもある。たとえば、二〇〇九年の一時期、オリックスの金子千尋が抑えに回ったことがありました。当時の大石大二郎監督には「チームのいちばんいいピッチャーを抑えにする」という考えがあったそうです。

これは監督、コーチの考え方によると思いますし、背景には、ほかに抑えをできるピッチャーがいないから、という事情もあるわけです。「いないから先発の金子にまかせよう」と。なおかつ、金子を先発からリリーフに回しても、先発の頭数がなんとか補えるチーム事情もあったでしょう。

たんなる金子一人の問題ではなく、チーム全体、一軍ベンチに入っている一一、一二人のピッチャーの顔ぶれを見て、だれがいちばん抑えに適しているか。「金子しかいない」となれば、先発は補えるだろうかと計算したのだと思います。

その後、岡田監督が就任してからのオリックスは、まさに先発からの転向で岸田護が抑えになり、平野佳寿《よしひさ》がセットアッパーになりました。そして金子はケガもあったけれど、エースになりうるだけの力を発揮しています。ゆえにこの先、金子が抑えに回ることはまずないでしょうが、仮にそれだけのピッチャーをシーズン途中に配置転換するときは、まず本人が納得するかどうか。監督と納得するまで話し合うことが大事です。

配置転換で気になったのは、二〇一一年の巨人です。自身初の開幕投手を務めた東野峻が、ほんの一時、抑えに回った時期がありました。本人には相当、心の葛藤があったと思います。

東野の場合、チーム事情もあったとはいえ、「先発で結果が出ていないから抑えに」という意味合いでの転向だったんでしょう。勝ち星に対する欲を切り離して、自分自身の不甲斐なさを反省して、なんとかチームに貢献したい、という気持ちが本人になければ、集中してリリーフの仕事をするのは難しいものです。

結果的に、東野は短期間で先発に戻りましたが、そのあたり、ただ気分転換のつもりでやっていたのだとしたら、寂しいですね。

もともと、東野は「超一流のピッチャー」とは言いがたい部分があります。何がいいかといったらスライダーだけの、いわゆる〝スライダーピッチャー〟です。そのスライダーを生かすためのピッチングを自分で工夫すればいいんですが、私自身、東野はピッチャーとして特別に能力が高いとは思えない。彼がここまで投げてきた配球を見るかぎりでは、残念ながら、そういうふうに言わざるをえないですね。

ただ、東野という男がほんの少しでも抑えを経験したことで、何を収穫したか。得られたものを今後、先発として工夫することにつなげられたら、〝スライダーピッチャー〟からもうワンランク上に行けると思います。

つねに低めにほうれる牧田は抑えに向いている

両リーグ、各チームで新人投手の活躍が目立った二〇一一年のシーズン。配置転換という意味で興味深かったのが、西武の牧田和久です。

私は開幕当初から、牧田を「おもしろい存在」と見ていました。

まず、牧田が先発した試合を何度か見たのですが、打線の不調でなかなか援護を受けられないなかで、よく投げていたと思います。結果的に二点取られただけで敗戦投手、というようなことが続きましたから。でも、それでも一生懸命に投げている姿は、一投手出身者としてたいへん好感がもてました。

それが交流戦のあとに配置転換され、抑えに転向したわけですが、「牧田を抑えで使う」という話は、あるとき、渡辺久信監督からじかに聞いていたんです。

自分にとって最晩年の西武時代、渡辺久信投手がまだ一年目のときに同僚で、以来、一人の後輩として見守ってきました。だから、「それはいいことだな。適材適所でいいと思うよ」と言わせてもらった。投手出身の監督らしいとも思ったけれど、そもそも、西武の場合は抑えがいなかったですからね。

牧田が抑えとして「適材適所」なのは、まず技術的に、ボールが低いということ。低め低めにほうれて、浮いた球が少ない。

たとえば、同じアンダースローでロッテの渡辺俊介。彼はボールが高めに来やすい。調子がいいときは低めに来てシンカーが生きるんですが、悪いときはボールがバッターのベルト部分より上にいく。あの速くないボールが高めにいったら、それほど怖いボールではなくなるでしょう。やはり膝元でボールが鋭く変化すると、右バッターも左バッターもてこずる。その点、牧田はつねに低めにほうれるピッチャー。だから、抑えに適しているんじゃないかという意見は個人的にもっていました。

もちろん、低めに投げてさえおけば抑えとして手痛い一発を浴びないか、といったら、そんなことはありません。牧田も人間ですから、ボールが高めにいってしまうこともあるでしょうし、ほんとうは投げる球すべてに集中しなきゃいけないんだけど、どうしてもいろんなことを考えて、ぽっと空白のまんま投げてしまうこともあるでしょう。まして若いんだし、いろいろな意味で、まだまだ経験を積む余地のあるピッチャーですからね。

経験が足りない牧田にとって大事なのは、必要以上に考えないで、一球一球、集中して投げきることです。それも長いイニング、球数を多くほうる立場ではなく、抑えであれば短いイニング、少ない球数で終われるわけですからね。

もてる技術を最大限に生かせるという意味で、牧田は抑えに向いていると思いますし、候補がたくさんいたなかでパ・リーグ新人王に選ばれたことを自信にして、さらなる精進をしてほしいと思います。

通算三〇〇セーブの岩瀬は落合監督の「作品」

牧田のプロ野球人生はまだ始まったばかりですが、じゃあ、彼自身、どれぐらい続けて抑えをやれば「超一流」といえるのか。

私は抑えに関しては、年数で決まった評価基準はないと思っています。きっちり抑えられるうちは抑えをやればいいだけであって、長くやったらいい、というものでもない。

なぜそういえるのかというと、いまのように一イニング限定であれば、多少は力が落ちても「長くできてしまう」からです。

実際、いまの抑えの最高峰、通算三〇〇セーブを達成した岩瀬にしても、近年は「抑えの仕事をきっちり全《まっと》うしている」とはいえないでしょう。ときには一イニングを投げられないこともあって、本来なら、浅尾拓也が抑えにならないとおかしいんです。

だいたい、いまの岩瀬のボールでなんで抑えが務まるのか。彼の最大の武器であるスライダーも曲がりが大きすぎて、ブレーキが利かなくて、左バッターが振らない。いいときのスライダーだったら、左バッターはみんな振ってしまうけど、いまはそこまでのボールはほうれない。ほうれないというのは、本人がいちばんよくわかっているはずですよ。

岩瀬がとうに全盛期を過ぎていても、抑えで使われることのつらさ。これも本人はよくわかっていると思います。

また、だからこそ、二〇一一年のオールスターでセ・リーグの監督を務めた落合監督は、岩瀬を先発させたと思うんです。本来の元気なときの岩瀬だったら憤慨《ふんがい》していますよ。あれを甘んじて受けたということは、もう、力のなさを自分がいちばんよくわかっている証拠じゃないですか。

でも、それでも岩瀬が抑えで使われつづけて、通算三〇〇セーブという偉大な記録を樹立できたのは、はっきり言って、岩瀬が落合監督の「作品」だからです。

落合監督が八年間、中日で指揮を執ってきたなか、一、二番コンビの荒木雅博、井端弘和という「作品」を完成させたのと同じで、岩瀬という抑えも「作品」なんです。だから、最後まで面倒をみてきたんだと思います。これはもう、チームのナインも暗黙の了解だったでしょうし、それだけ落合監督は選手思いの指揮官だったということです。

ところで、「メジャーの抑えのコメントがおもしろい」と先ほど話しましたが、岩瀬の場合は性格的にほんとうに温厚で、発する言葉そのものが人のよさを表していると思います。

ただ、そのなかでもときおり、何か人生を達観したような物言いになることがある。

実際、それで思い当たるのは、聞いた話、岩瀬はほとんどナインと接することがないらしい。「我が道を往く」じゃないけれど、選手間のつきあいもあまりないようですし、まったく自分の世界で生活しているような一面があるみたいです。

そこはチームと別行動をとるメジャーの抑えを彷彿《ほうふつ》とさせますが、岩瀬の場合はもともと人のよさがあって、なおかつ長年、抑えを務めてきたことによって、いまの私生活のスタイルが固まっていったのかもわかりません。

私自身、現役時代に抑えを仕事にするようになって、ちょっと私生活が偏ってしまうところはあった。ただ、プロ野球選手はアスリートという側面がありますから、あまり間違った方向には行けない、という気持ちもありました。

いまだから言える話ですが、抑えをやっていくうちに、だんだんほかの選手とは考え方が違ってきましたよね。プロとしての考え方が甘い選手がいたら、鬱陶《うっとう》しくなることもあった。「自分ら、ぬるま湯で野球やってるんじゃないよ。そんな甘っちょろい考えで野球やっとんじゃない」という気持ちになったときがありましたから。

とはいえ、それをあまり行動に出すのもよくないことです。ひたすら黙って、自負心とプライドをもって、自分の仕事を全うするよう心がけました。

　これは岩瀬もそうなのかもわからないし、抑えをやればみんな思っていることだろうし、若くして抑えをまかされたピッチャーも、そうであってほしいと思います。

第4章

孤独なエースと
チームメイト

巨人との首位攻防第1戦、女房役・田淵幸一の満塁ホームランで2対5の劣勢を逆転、最後を締めて阪神が勝利し、ともに喜び合う
（1973年10月10日、提供：共同通信社）

1 キャッチャーと円満な夫婦関係を築くには

リードだけで飯が食える谷繁

エースの条件の一つに、自分にとっていいキャッチャーとめぐり会う、ということがあると思います。

たとえば、ダルビッシュがエースへの道を進む過程では、鶴岡慎也というキャッチャーが不可欠でした。

鶴岡が一軍で出はじめた二〇〇六年当初、日本ハムは高橋信二（現・オリックス）がレギュラー格だったなか、ダルビッシュと組むようになってからの鶴岡はどんどん出番を増やした。チームの方針でその後も併用されているため、正捕手にはなっていませんが、ダルビッシュとは息が合ったんでしょうね。鶴岡もダルビッシュと組むことで、ピッチャーの能力を引き出すことを学んで成長してきたと思います。

バッテリーを組むピッチャーが「エース」と呼ばれる存在なのか、それとも先発陣の一角を担う主力投手なのかは別にして、キャッチャーには、ピッチャーの能力を最大限に引き出すことが求められます。

肩がいい、バッティングがいいに越したことはないけれど、司令塔としてきっちり守り、しっかりとピッチャーをリードできなければ、試合には出られない。

それをよくわかっている人がレギュラーになり、正捕手になりうる。わからないキャッチャーはいつまで経っても二番手、三番手でしょう。

いまの現役選手であれば、中日の大ベテラン、谷繁元信が正捕手のなかの代表格と私は見ています。ひと言で表現するなら、「守りだけ、リードだけで飯が食えるキャッチャー」。

谷繁は一九八八年のドラフト一位で横浜大洋ホエールズに入団、プロ一年目から一軍で出番を得たキャッチャーです。レギュラーになったのは五年目、近藤昭仁監督が就任した九三年、ホエールズが横浜ベイスターズに変わった年ですが、以降もチームはずっと下位に低迷していました。

それが大矢明彦監督に交替して二年目の九七年、「大魔神」と呼ばれた抑えの佐々木主浩がリリーフ陣の軸となっていたなか、三浦大輔を筆頭とする先発陣も整備されて二位に浮上。谷繁は完全に正捕手となっていました。

そして翌年は、権藤博監督の下でさらに投手陣が強力になり、いわゆる〝マシンガン打線〟も機能して横浜はリーグ優勝、日本一になった。そういう意味では谷繁自身、勝つことの難しさもわかっているし、勝利の味も重々わかっている。なおかつ、弱いチームの雰囲気がどういうものかも知っています。

これはもうシーズンだけじゃなしに、キャンプからの野球に対する取り組み方、姿勢を見てきているでしょうし、キャッチャーとして、横浜でいい経験を積んだと思います。

そのうえで二〇〇二年、谷繁はFA権を行使して中日に移籍した。もともと投手陣のよかったところに彼の能力が嚙《か》み合って、〇四年から就任した落合監督の下、すばらしい投手力を含めた守りのチームができあがったわけです。谷繁の存在なくして、落合中日、八年間でリーグ優勝四回、〇七年の日本一というチーム成績もなかったといえます。

年齢的にはすでに四十歳を過ぎて、いろいろな面で衰えを指摘する声もあります。しかし、だからといって谷繁を甘く見たら、相手はみんな足元をすくわれる。プロ入り以来二十三年間、二六〇〇試合以上に出場してきた実績と経験があるのですから。

我が強いエースをうまくコントロールできるか

谷繁のように優れた能力をもつキャッチャーは、どうやってピッチャーを引っ張っているのか。それ以前に、ピッチャーにとってキャッチャーとは何なのか——。

先に答えを出してしまえば、味方のなかでピッチャー本人をいちばんよく理解しているのがキャッチャーです。

たしかに、バックで守っている野手、ベンチにいる選手も含めてみんな味方なんだけれど、マウンド上のピッチャーはいつも気分よく投げられるものではない。エースと呼ばれる人でさえ、自分は孤独だと感じて、つらい立場になるときもある。そんなピッチャーにとっては、目の前でマスクをかぶっているキャッチャーが最良の味方なんです。

むかしから野球界のことわざにもあるとおり、「バッテリーは夫婦とおんなじ」「キャッチャーは女房役」と言われています。

そこでまた一つ問われるのは、「かかあ天下」が家庭円満なのか、それとも「ワンマン亭主」が家庭円満なのか、ということ。もっとも、どちらが家庭円満とは一概にはいえないものです。そのバッテリーの関係性によって、どちらもいい、としかいえないと思います。

一般的には、若手のピッチャーとベテランキャッチャーが組んだら「かかあ天下」で円満、ベテランピッチャーと経験の浅いキャッチャーが組んだら「ワンマン亭主」で円満、というケースが多いんじゃないですかね。

ピッチャーというのは、どちらかといえばわがままで、我が強い。「エース」と言われる人はだれしもそういう面がある。たとえ性格的にそうではない人でも、わがままでなければできない部分があり、我が強くなければできないポジションでもある。それをうまいことコントロールしてくれるのがキャッチャー。

文字どおり家庭においても、酒飲みのぐうたら亭主、博打《ばくち》好きのぐうたら亭主、女好きのぐうたら亭主であってもコントロールするのが女房でしょう。コントロールできなかったら、とたんに夫婦の関係がこじれて家庭崩壊ですよね。あらためて、「バッテリーは夫婦とおんなじ」とは、いいことわざだと思います。

バッテリーの関係がこじれるとしたら、ピッチャーがキャッチャーに不安をもってしまったとき。ピッチャーは自分の得意なボールも自信をもって投げられなくなりますから、当然、結果も内容もよくないですよ。原因は何であれ、こじれてしまったときには、お互いに納得するまで話し合う必要があります。

自分にとってかけがえのない両捕手、二人の辻さん

バッテリーの関係性は環境によって変わるものです。

環境とはチームを取り巻く環境であり、そのなかでバッテリーが形成されていく。中日のように、谷繁という正捕手一人が投手陣を引っ張るチームもあれば、日本ハムのように鶴岡、大野とキャッチャーを併用するチームもありますからね。あるいは、組んでいるバッテリーが比較的、新しい関係なのか、それとも、お互いに気心が知れた関係なのかによってもまた変わる部分があると思います。

私の場合、阪神に入団した一年目は、「辻ヒゲ」と呼ばれた辻佳紀《よしのり》さんが主力キャッチャーで、よくバッテリーを組んでいました。それが二年目は「ダンプ辻」こと辻恭彦《やすひこ》さんと組むことが多くなった。

辻ヒゲさんとはプライベートでも行動を共にして、いっしょによく遊びに連れていってもらいました。じゃあ、ダンプさんとはプライベートでどうだったかというと、遊びはもとよ

り、いっしょに食事をしたことさえ一度たりともなかったんです。

もちろん、ダンプさんと仲が悪かったわけではありません。遠征先の宿舎ではたえず野球の話をして、まだ若かった私には大いに勉強になりました。私のピッチングの基本線である「アウトローを生かす配球」を工夫してくれたのがダンプさんです。この配球については、またあとで話しましょう。

反対に、辻ヒゲさんの場合は遠征に出ると、「おい、ユタカ、行こう」とよく声をかけてもらって、遊びに出かけていた。だから感謝はしていましたけど、じゃあ、それによって自分を曲げて、辻ヒゲさんが出すサインに対して首を振らなかったか、といったら、そんなことはない。

辻ヒゲさんも、私がサインに対して首を振ることを期待していました。先輩だからといって、頭から「俺の言うことを聞け」というような考えは毛頭なかったと思います。

そのなかで辻ヒゲさんが私によく言っていたのは、「村山さんは我の強い人だからな」ということ。それは「村山さんは我が強すぎたけど、おまえはそうするなよ」という意味だったのか、「村山さんの後を継いで、もっともっと我が強くなれよ」という意味だったのか、どちらが真意なのかはなんともいえないですね。阪神時代、最後まで私にはわからなかった。

ただ、辻ヒゲさんは、村山実という大投手、私のほんとうの目標だったピッチャーのことを悪くは言わなかった。決して悪口を言っているんじゃないんです。

この事実を踏まえれば、「そういう村山さんに俺はキャッチャーとして育てられた。あれだけ我の強いピッチャーでも俺はちゃんとリードしたんだよ。だから俺を信頼してボールをほうってこいよ」という意味があったんじゃないか。そこのところも自分では明確にいえないんですけど、いまにしてふりかえるとそんな気もします。

そうして辻ヒゲさんが話すことを聞きながら、ああ、なるほどな、なるほどな、というふうに、そのとき、そのときなりに私は勉強もしたし、考えもしたし、疑問点ももった。疑問といっても、それはプライベートの時間の話で、いったんグラウンドに出ればもう、そんなことを思っている暇はないですからね。

もっとも、辻ヒゲさんとはあまりにも私生活で懇意《こんい》にしすぎたというのか、かわいがられすぎた面がありました。だから、かえって私生活では行動を共にしないダンプさんのほうが野球だけのつきあいになって、あまりこちらが余計なことを考えないで、より野球に没頭できたのかもしれません。その違いがよかったのか、悪かったのかはなんともいえないですけど、私にとってはかけがえのない両捕手でした。

とてつもなく難しかった「野村克也」との関係

たとえば、高校野球だったら、エースがいて正捕手がいて、このバッテリー関係は絶対的なものです。それがプロ野球の場合は一軍にピッチャーが一一人か一二人は入っていて、キャッチャーも二人、三人といるわけです。キャッチャーはケガが多いポジションだけに、いつだれと組むか、わからない部分があります。

高校からプロに入ったピッチャーの場合、当然ながら、キャッチャーはみんな年上。バッテリーを組んだときに甘えられることもあるでしょう。私にとっては比較的、辻ヒゲさんがそういう存在でした。

でも、チームによっては、バッテリーとして合わないいんじゃなしに、甘えられないような先輩キャッチャーもいるはずです。そう考えると、プロ野球のキャッチャーに絶対的なものはないと思うんです。

正捕手が一人決まれば、これはもう絶対的なものに近づきますけど、私が入った当時の阪神の場合は両辻さんがいて、一軍にはもう一人、和田徹さんがいました。

じつは私にとっては、和田さんと組むのがいちばん楽だったんです。

というのも、年がわずか三つ上の和田さんは明星高校出身で、同じ大阪で高校野球をやってきた方。まして、三年時には春夏連続で四番・捕手として甲子園に出場、夏は池永正明さん擁《よう》する下関商を破って全国制覇を成し遂げています。

必然的に、私も高校のときから和田さんの噂はしょっちゅう耳にして注目していたし、入団当初からすごく親しみがあって、寮でもたえずいっしょです。時間に暇があれば和田さんの部屋に行って、みんなで遊んでいるような環境でした。

ただ、いざゲームになったとき、そういう関係、環境がバッテリーとしてお互いにプラスになったかといえば、残念ながらそうではなかった。なぜかというと、和田さんはレギュラーではなかったですからね。

自分で「組んだら楽だ」と思えるキャッチャーと組めないんですから、これは和田さんの能力の問題ではない。やはり、実績ある辻ヒゲさんがいて、ダンプさんが成長してきたというチーム事情もあったわけです。現に一九六八年以降、和田さんは打力を買われて外野手、一塁手で出場することが多くなりました。

このあたり、いまのチームのキャッチャーも同じでしょう。セ・リーグであれば、大ベテランの谷繁であり、巨人の阿部慎之助であり、ヤクルトの相川亮二であり、絶対的な正捕手がいるチームと、キャッチャーを二人、三人で回すチームとでは違いがある。バッテリーの関係も若干、変わってきますよね。

キャッチャーを二人、三人で回すチームの場合、ピッチャーによって「自分は絶対この人と組むんだ」という願望が強くないかぎり、監督・コーチの判断で起用法が決まります。となると、バッテリーの関係は組み合わせごとに変わってくる。

反対に絶対的な正捕手がいるチームは、一軍にいるすべてのピッチャーを一人が引っ張る。基本的に、バッテリーの関係は一つです。ピッチャー個々による特徴の引き出し方が異なるだけで、キャッチャーの考え方は一本化されているからです。

そこでまた、むかしの話になりますが、「南海の野村克也」といえば絶対的な正捕手。投手陣にとって、そういうキャッチャーがいるに越したことはないんですが、われわれにとって難しかったところは、正捕手でありながら四番バッターで、しかも監督だということ。はっきり言って、われわれにすれば、受けるキャッチャーが監督だなんて、これはもう余分なものでしかなかった。ところが、その監督が攻撃に回ると、今度は四番バッターとして打って援護してくれる。とてつもなく難しかったですよ、この関係は。

その点、私が南海に移籍していちばん感じたのは、監督・野村克也、四番・野村克也に関しては、もう意見を聞いて参考にするだけ。でも、キャッチャー・野村克也とは、対等に話ができるということ。これは自分でそのように考えて実践しました。

キャッチャーのサインはあくまでも〝おうかがい〟

基本的に、リードはキャッチャーがするもの。たとえピッチャーが十年目で、キャッチャーがまだ二、三年目の選手であっても、リードはキャッチャーがする。仕事の配分としてはそうなります。

ただし、一ついえるのは、キャッチャーのサインというのは、あくまでも〝おうかがい〟なんです。たとえば、「一球目、アウトコースのスライダー、どうですか？」とサインを出す。それに対してピッチャーが納得したら、「はい、オーケー」。疑問をもてば首を振ればいい。

このように、一球一球、キャッチャーが出すサインがあくまでもピッチャーへの〝おうかがい〟であるのは、「監督兼捕手・野村克也」であっても同じことでした。例外的に「ここは相手が何か仕掛けてくる。外してくれ」とか、「エンドランがきそうだから外してくれ」とか、そういうときには〈ウエスト〉という絶対的なサインがありますが、それ以外はすべて〝おうかがい〟。

この〝おうかがい〟に対して一〇〇パーセント、キャッチャーを信頼して、納得して投げるようにすること。それがいまの時代の風習です。

これは若手のキャッチャー、たとえば、西武の炭谷銀仁朗がベテランの西口文也、石井一久と組んだときも同じ。両投手ともほとんど首を振らないで、銀仁朗を信頼してほうっています。それがキャッチャーに対する礼儀でもあり、安心感を与える材料になる。あまりピッチャーが首を振るとキャッチャーは迷いますからね。そのあたりはもう、風習というよりも、球界の常識になったといえるでしょう。

反対に、もしも「コイツ気に食わないなあ、いじめてやろう」と思って首を振ってばっかりだったら……。なかにはそういうケースがあるかもわかりません。実際、聞いた話では、古田敦也がヤクルトに入団してまだまもないころ、ベテランのピッチャーからそういう〝いじめ〟を受けたらしい。

まあ、これは当時の野村監督が、古田を育てるためにあえて「いじめろ」と指示を出していたそうですが、そういう特殊なケースは別にして、ふつうはキャッチャーのサインどおりにピッチャーは投げるもの。

「バッテリーは夫婦とおんなじ」ということわざに通じる話として、家庭だって、嫁さんがある程度リードして、亭主は素直に従ったほうが家庭円満になる、ということはありますよね。

だから、バッテリーの関係には、絶対にこれがいい、というものはありません。年が上の場合もあれば、同年輩もあるし、年下もあるんですから。

いいキャッチャーはピッチャーに育てられる

キャッチャーの年齢という点で、私の場合、いちばん困ったのは田淵幸一です。

というのも、自分のほうが二年早くプロに入ったけど、年は田淵のほうが二つ上。まして東京六大学の花形で、超スター選手として阪神に入ってきたわけです。立場的にはどう見ても田淵が上になります。

ところが、キャンプのブルペンでいざキャッチングを見ると、「なんとコイツはこんなに下手なんだ」と私は思ってしまった。それでも当時、兼任コーチだった村山さん曰《いわ》く、「もうゲームで使っていく」。

私は思わず、「ゲームで使うって、あのキャッチングでどうするんですか？」と聞きましたよ。反対に田淵にしてみれば、年下の私にブルペンで「しっかり受けろよー！」などと言われて恥をかかされて、悔しかったと思います。

聞いてみると、大学時代の田淵は、どちらかというと技巧派で、スライダーを多投するような左ピッチャーの球を受けることが中心だったそうです。そういう球なら簡単に捕れたらしいんですが、プロのピッチャーの球はまた違いますからね。

とくに当時の私の場合、インコースの球はそれなりに力があったから、田淵が捕球するとき、ミットがわずかに動いてしまう。しっかり止めてくれればストライクなのに、動いたらボールになる。キャッチング一つでストライク・ボールが変わってしまうのは、ピッチャーとしてはやりきれない。

そこで私は、キャッチャーとしてプロのレベルのキャッチングをしてほしかったから、田淵に「しっかり捕れよ。球の力に負けるなよ」といったことを口酸っぱく言わせてもらいました。その後は相当、彼は彼なりに鍛えなおしたんじゃないですかね。

のちのち聞いてみると、「ユタカに言われて再度、手首を鍛えなおしたことが、その後のバッティングにプラスになった」と田淵が言ってくれた。恥をかかせてしまった私としては助かりました。

この田淵の一件を除けば、阪神時代、私は対キャッチャーで戸惑いを感じたことはありません。自分は年下でみんな年上だ、という認識がありましたから。

それから自分もだんだん年をとってきて、野村克也氏と組み、広島に移籍してからは同年輩の水沼四郎とよく組んだ。日本ハムでは大沢啓二監督に頼まれて、大宮龍男という若いキャッチャーを育てなければいけなかった。そのときの気苦労というのは、口で簡単に言えるほどではありませんでした。

なにしろ「育てる」といっても、大宮とは練習だけじゃなしにゲームでもバッテリーを組むわけです。つまり、ゲームのなかで育てる。そのためにはどうしたらいいか。

まずは「自分のすべてを知ってもらう」と考えて、プライベートのときでも行動を共にして、たえず横に大宮を置いていた。どこに行くにも連れていって、「俺の野球はこうなんだよ。ピッチングの配球はこうなんだよ」と、時間があれば野球の話をしました。これは広島時代、キャッチャーではありませんが、私と同じ左ピッチャーの大野豊を育てたときも同じです。

ただ、「選手が選手を育てる」ということは、そもそもがおかしな話なんですよ。あくまでも特例であって、本来は自分のことだけで精一杯。チームには育てる仕事が専門のコーチがいるわけで、ほんとうは選手がする必要は何もないんです。

それでも、私は大野も大宮も個人的に好きな男でしたから、なんとか一人前にしてやりたいという気持ちがありました。

実際、球界には次のようなことわざもあります。

○いいピッチャーはキャッチャーに育てられる。
○いいキャッチャーはピッチャーに育てられる。
○いいバッテリーは審判を育てる。
○いい審判はピッチャーを育てる。

現に私はいい審判の方々に育てられましたし、感謝の気持ちをいまでももっています。もちろん、たくさんのいいキャッチャーに恵まれたという自負もあります。

配球には一〇〇パーセント絶対の答えはない

ピッチャーとバッターとの勝負において、われわれの時代にくらべて駆け引きが少なくなったいまの時代。キャッチャーにしても、考えて工夫しているな、と感じられるリードもあまり見られないですし、ものすごく淡白になったと思います。

そのなかで、考えて工夫したリードをしているな、と感じさせるのは、やはり谷繁ぐらい。経験がものを言っているというのか、ピッチャーを引っ張る能力がたいへん高い。

あるいは、ひとむかし前なら、ロッテで活躍した袴田英利。彼もいろいろ工夫して考えているキャッチャーでしたね。

袴田といえば、村田兆治に信頼されていたけれど、じつは、兆治と組んでいるときがいちばん楽だったと思います。真っすぐとフォークというパターンが決まっているから、考えなくていいわけです。その代わり、ほかのピッチャーと組んだときは、袴田の能力が見られるケースが多かった。

じゃあ、考えて工夫したリードとはどういうものか――。

これは配球に見て取れるわけですが、配球はキャッチャーが考えすぎて、あまり複雑になってもいけない。内と外、両サイドに投げ分けていれば、相手を惑わせられるものでもない。ときには単純に、同じボールを続けて要求してもいい。

仮に初球、アウトコースにほうって、バッターが空振りしてまったくタイミングが合っていなかったとする。だったら三球勝負でいいんです。それが初球をカットされたら、二球目はインコースにいって、三球目、またアウトコースにいけばいい。相手の反応を見ながら、そうやってしつこく攻めていく。

これが考えて工夫するということであり、現に、谷繁は三球勝負がよくあります。相手バッターをよく観察し、洞察していないとできない配球です。

かといって、配球には「一〇〇パーセント、これだ」という答えはありません。「このほうがいいんじゃないか」「こうしたほうが打たれる確率は少ないよ」「どちらかといえば、こっちのほうが安全だよ」という配球はあります。でも、「絶対にこれだ」という配球はないわけです。

それはもう、初球の入り方からして、大胆に入っていいのか、慎重に入ったほうがいいのか、その時々によって違う。すなわち、ピッチングが始まる時点で絶対的な答えはないんですから、そこは考えてほうらないといけない。だからこそ、初球ほど難しいものはないし、初球の入り方に関しては、私は臆病なぐらいでちょうどいいと思っています。

なおかつ、カウントがツーボール・ツーストライク、もしくはスリーボール・ツーストライクになったとき、ピッチャーの心理としては、フォアボールを出したくない。となれば、打たれるのは当然、仕方ないんですよ。相手は打ちにくる、こっちはストライクゾーンに投げないといけない。そういうカウントで、たえずコースを突けるかといったら、なかなか難しいものがある。

じゃあ、そこで打たれる確率がいちばん少ないのはどこかというと、アウトローなんです。それで私は阪神に入って二年目から、アウトロー主体のピッチングをする投手に変わって、そのときに配球を工夫してくれたのがダンプさんだったわけです。

ただ当時、左ピッチャーの自分がアウトロー主体でほうるのは疑問に思われました。「左ならばクロスファイアーで右打者のインコースを攻める、もしくは膝元に投げ込むものだろう？」と。私の考え方は、ある意味で異端でした。

それが最近、各チームで主力となっている左ピッチャーのコメントを見ていると、「アウトロー」という言葉がよく出るようになった。四十年以上もかかって、やっと自分の考え方が理解され、浸透してきたのかなと思いますし、こういうことをきっかけにして、配球を考えて工夫できるキャッチャーがもっと出てきてほしいですね。

盗塁阻止はあくまでバッテリー間の共同作業

キャッチャーとの関係ではもう一つ、盗塁阻止があります。

その点、強肩のキャッチャーのほうが阻止しやすいのは確かですが、ピッチャーの協力がなければ、どんなに肩が強くてもランナーは殺せません。

二塁から三塁への盗塁では、モーションを盗まれるケースがあります。しかし、一塁から二塁へ走るランナーを殺す場合には、まず、ピッチャーが協力して、クイックモーションでほうってあげるのが絶対条件。ランナーのスタートが遅れたとか、アクシデントがあった場合は別にして、ふつうの脚の上げ方で、ふつうのフォームでほうっていると絶対にランナーのほうが速いですから。

当然、牽制も入れますけど、これは一塁で殺すためというよりも、相手の出方をうかがうためにやるケースが多い。殺すのはあくまでも二塁で、そのためにピッチャーはクイックを覚えないといけない。

いまの現役のピッチャーを見ていると、「一塁ランナーが走ってきそうだな」という状況において、三回も四回も執拗《しつよう》に牽制球を投げるシーンがよくあります。ランナーの足が速ければなおさら。

でも、私に言わせると、そんなことをする必要は何もない。牽制を一回入れて、そのうえで走らせて、クイックでほうって、あとはキャッチャーにまかせれば殺してくれる。それを自分でわかってしまうと、案外、気は楽になると思います。

クイックで思い起こされるのは、近鉄と戦った一九七九年の日本シリーズ第七戦。九回に先頭の羽田耕一がヒットで出て、藤瀬史朗が代走で出てきた場面です。

マウンド上にいた私は、藤瀬が出てきた時点でもう「ここは走ってくるな」と決め込んでいました。「いつでも来い。こっちはクイックでほうる自信があるんだから」と。

それで実際、ツーボール・ワンストライクのカウントから走ってきて、もののみごとにクイックでほうることができた。十分に殺せるタイミングでした。あとでキャッチャーの水沼に聞くと、「捕った瞬間、十分に殺せる」と思ったそうです。

ただ、十分に殺せると感じて、ボールを握り替えたらしい。その握り替えが悪いほうに出て、低いボールになって、ワンバウンドでセンターに抜けてしまった。そのままほうっていたら、タイミングは一〇〇パーセント、アウトでした。

当時、クイックに関しては、いまほど細かい指導をしなくても、みんな自分で練習に取り組んで身につけていた。そのなかでとくにうまかったのは、巨人の堀内恒夫。牽制も含めて巧みにやっていた印象があります。

堀内はピッチャーでありながら、身体の動きは野手並みにセンスがあって、理に適っていた。入団当初から「あいつは内野手でも飯を食えるんじゃないか」と言われていましたから。

そもそも、私のクイックは堀内から盗んだものなんです。分解写真を何度も見たら、軸足の膝から動く、ということがわかった。これも工夫の一つです。

そして、工夫する以前に、センス、感性。これはピッチャーにかぎらず大事なものです。感性がなければどうしようもないし、感性がない人は「無神経」と言われる。神経質すぎるのも困るけれど、もっと困るのが無神経。

ちなみに、現役のピッチャーでとくにクイックがうまいのは杉内でしょう。軸足がしっかりしているから、身体の動きに粘りがある。そのことが、いいチェンジアップをほうることにもつながっていると思います。

勝てるピッチャーはクイックもうまい。なおかつ、優れた感性をもっている。いつまで経っても勝てないピッチャーは感性がなさすぎる。そういえると思います。

ともかく、二塁でランナーを殺すのは、あくまでバッテリー間の共同作業。いまでは盗塁阻止率という数字が当たり前にありますけど、これはキャッチャーの肩の良し悪しを示す数字ではないということです。

「世界の盗塁王」と呼ばれた男との〝約束〟

盗塁阻止はキャッチャーの肩の良し悪しではない、という意味で、一つ、例外中の例外の話をしておきましょう。

先ほど挙げた、二塁から三塁に走るケース。モーションを盗まれたら、もうどうしようもないので、日本ハム時代、「世界の盗塁王」と呼ばれた福本豊に言ったことがあります。

「一塁から二塁への盗塁。これはおまえの技術だからわかる。なんぼでも走ればいい。でも、二塁から三塁。これは技術とは違う。俺がマウンドにいるときは間違っても走るなよ。俺は二塁への牽制が下手なんだから、牽制はしないから。走ったら承知せんぞ」

すると、敵でありながら同世代の球友でもあった福本は「わかった」と言ったんです。もちろん、こんな話し合いは許されませんし、自分としては冗談のつもりでした。

ところが、ある日の阪急戦。日本ハムがリードする展開で私がリリーフに出ていって、福本が二塁にいたときのことです。

三塁側のベンチにいた阪急の監督、上田利治さん。明らかに盗塁のサインを出しているのがわかりました。サインを見たら走らないといけない、ということで、福本が目を伏せて、ベンチを見ないようにしているのがマウンドから見えたんです。

そのうちに上田さんが怒って、「フクー!」と声をあげていた。私は思わずマウンド上で吹き出しました。見ると、阪急の選手たちも、私と福本との〝約束〟を知っていたのか、声を出さずに笑っていました。

ほんとうはよくないことかもわからないけれど、私はあらためて、福本という男はいい奴だなと思った。言い換えれば、当時はある程度、プロ野球で年数が経った人間のわがままが許されていた。そんな時代の笑い話です。

2 バックの守りを気にしても仕方がない

若いうちはマウンド上で気持ちを前面に出していい

エースとキャッチャーの関係が大事なのは当然として、じゃあ、エースと監督、もしくは野手との関係はどうか。

まず、「エース」と言われるピッチャーの場合、監督との接し方が下手だったら、その関係はうまくいかないでしょう。うまくいかせるためには、お互いに腹の中をぶちまけることも必要だと思います。

ときには、チームという組織のなかで、きれいごとを並べないといけないこともあるはずですから、たえず腹を見せる必要はありません。でも、最終的には隠しごとなしに、言いたいことを言える間柄のほうがいい。

私自身、仕えた監督に言いたいことを言うときはしょっちゅうありました。とくに、村山さんが兼任監督のときはよく話し合った。村山さんも、それなりに江夏という男を信頼してくれていましたから。

一方で、野手との関係。ファンの方は、やはりこれもキャッチャーと同じで、信頼関係が大事だと思われるでしょう。

たしかにそのとおりなんですが、守りにはエラー、ミスが付き物です。

となると、実際にマウンド上で投げているなかでは、お互いの信頼がどうのこうのなんて考えないのがいちばんいい。野手の人はしっかり守って、打ってくれればいいんだ、俺はしっかり投げるからな、と。そのうえで、もしもバックのエラーで出塁されたら、点をやらないようにするだけでいい。それ以上のことを頭に入れるとキリがなくなります。

実際、戦っているときは自分のことだけで精一杯。バックの守りのことまで考えられません。「エース」と言われるピッチャーだって、せいぜい、考えるとしたらチームのことだけですよ。エラーがあるたびに「下手やなあ」とか思っていたら、マウンド上で不安でしょうがなくなる。いちいち気にしていたらピッチャーはしんどいだけです。

例外なのは、たえずバックの守りのどこかに不安がある場合。たとえば、サードの選手に不安をもっていたとします。それでエラーをしたら、「またやりやがったか」と思うのは自然な流れですから、予感が当たってピッチャーが爆発するケースもあるにはあるでしょう。

その点、自分自身をふりかえってみると、若いころは、エラーが出たらグラブを地面に叩きつけたり、スパイクで土を蹴ったりもしました。絶対にいけない、許されないとはわかっているのに、心ない暴言を吐いたこともあったと思います。

それはエラーをした人に対する憤慨なのか、それとも自分自身への憤慨なのか、なんともいえませんよね。

憤慨してぶつかり合って、はじめて理解し合えるケースもあるとは思いますが、チームという組織のなか、ぶつかり合った者どうしを見て、今度は周りが気をつかってしまいます。本来なら、ぶつからないのがいちばんいいわけです。

ただ、私がいま現役のピッチャーに言いたいのは、若いうちはマウンド上で気持ちを前面に出すぐらいの勢いがあっていいんじゃないか、ということ。

打たれても、抑えても、ポーカーフェイスでいるのは大事ですけど、あまりにも淡々としている若いピッチャーを見ると、かえって内面が透けて見えてしまうときもある。

まして、若くして「エース」の看板を背負っているピッチャーは、エースの条件である「負けられない」という気持ちが人一倍強い。決して難しくない打球をエラーされるとカチンともくるだろうし、がっかりもするだろうし、「しっかりしろ」と言いたくもなる。

これはもう、ミスをした人間が憎くて、腹を立てて言うわけではなくて、それこそチームのためですから。表に出したいときは出してほしいですね。

「世紀の落球」にこめられたバックの思い

野手との関係という意味で、阪神時代にいちばん忘れられないのは、巨人と最後まで優勝争いをした一九七三年。場所は甲子園で八月五日の巨人戦、阪神が二対一とリードして迎えた九回表のことです。私はマウンド上にいて、二死一塁、三塁という状況でしたが、次の黒江さんを抑えればゲームセットでした。

ワンボール・ツーストライクと追い込んだあと、黒江さんが放った打球はライナーでセンターへ飛んだ。センターは池田純一（当時の登録名は池田祥浩）さんで、十分に守備範囲でした。ところが、パッと振り向くと、なぜか池田さんが転倒していた。荒れていた芝と土の境目に足を取られたんでしょう。ボールは差し出したグラブのわずか上を抜けていってしまい、ランナー二人の生還を許して逆転されてしまったんです。

九回裏、阪神の攻撃は無得点に終わり、二対三で負けました。私にすれば、負けたことはたしかに悔しかったですが、グラウンドで寝転がる池田さんを見たときは怒る気にもなれませんでしたね。内心「何をしとんかいな」とあきれはしましたけど、打球を捕れなかったことに対して、どうこう思うところはいっさいなかった。もちろん、試合後に文句を言ったりなんてしていません。

ただ、池田さん自身は必要以上に気にしていました。熊本生まれの九州男児らしい熱血漢、明るくてガッツもある豪快な方でしたが、内面はまじめで繊細な部分があった。

というのは、その日から一カ月も経っているのに、「あのときは悪かったなぁ」と言われて、二カ月過ぎてもまだ思いつめているような様子があったんです。

まして、その年の阪神は〈残り二試合で一勝すれば優勝〉と王手をかけながら、最終戦で巨人に敗れて優勝を逃した。すると、シーズンが終わってから、マスコミが〈あの一勝があれば阪神は優勝していた〉などと、池田さんのワンプレーを取り上げたんです。

結果的に巨人のV9が達成されたこともあって、一部では〈世紀の落球〉だとか〈世紀のエラー〉と書き立てていた。でも、実際にはボールを落としたわけではないし、失策も記録されていないんです。

思いつめていた池田さんには相当にこたえたはずです。現に、その後はノイローゼ気味になって、髪の毛が抜けたりしたんですから。周りは簡単に〈世紀の〉なんて言うけれど、本人はどれだけ苦しんだか……。

救われたのは、左の好打者だった池田さんが、翌年以降も主力としてプレーしたこと。右膝のケガもあって七八年に引退するまで、懸命にがんばっていました。ただ、だからこそ私は、マスコミに苦しめられたのは余計だったと思う。

だれしも、ミスをしたくてやっているんじゃないんです。怠慢なプレーはともかく、そのことは、いまのマスコミにもわかってもらいたいし、マウンド上のピッチャーはもっともっとわからないといけません。実績と経験がある人はなおさらです。

私も年齢を重ねて、それなりの立場になったころは、バックの守りのレベルを考えて投げる余裕も出てきました。

たとえば、日本ハム時代、セカンドの菅野光夫の肩が弱かった。ゲッツーのときによくランナーにつぶされて、ファーストに山なりのボールしかほうれない。併殺崩れになるケースが多かったんですね。

私はそれを見ていて、自分がマウンドに上がったとき、五－四－三、六－四－三のゲッツーは取りにくいと考えました。反面、ショートの高代延博は肩が強かったから、これは四―六―三、もしくは三―六―三しかないな、と。そこで、ライト方向に打たせるような配球で投げたことはあります。

でも、それはもう特殊な例であって、一生懸命に守っている萱野に悪いですから、頭で考えたとしても言えない。「三遊間に打たせない」なんて口には出せません。あくまでも、いまだから話せることです。

エラーをめぐる思い出がないような間柄では寂しい

阪神はそのむかし、「セカンド・鎌田実、ショート・吉田義男、サード・三宅秀史《ひでし》は黄金の内野陣」と言われた時代があり、タイガースの守りは鉄壁、とイメージしているファンの方もおられると思います。しかし、一九七〇年に村山さんが投手兼監督になって、私が投手陣の中心に置かれたころは、決して鉄壁ではなかった。

とくにサードがいなかったんです。大倉英貴という選手がいちおうはレギュラーだったのですが、たしかケガでフルに出られなくなった。それで控えの選手がサードに入ったら守りに安定感がなく、バッティングも下位を打つような状態でした。

そこで私は、村山監督に意見を言わせてもらったことがあります。「ほかに守れる選手、打てる選手がいないんだったら、西村をサードで使ってくれませんか？」と。

選手が監督に意見するなんて、わがままで、ほんとうはよくないことなんですけど、同期入団の西村公一という内野手がいて、兄貴はかつて阪神で新人王に輝いた投手、西村一孔さん。個人的に仲がよかったし、なんとか、がんばってほしかったんです。

村山さんは「よし、わかった」ということで、西村を七番か八番でスタメンで使った。そうしたらいきなりデッドボールを食らって、明らかに骨にヒビが入っているのに、そのまま打席に入って打った。結果はセカンドゴロで、即交代となりましたが、私はその姿を見て涙が出てきました。「そこまでやらなくてもいいのにな……」と思って。でも、西村は試合後、「ユタカが使ってくれるように言ってくれたから」と話していました。

こういう懐かしい思い出はあるんですけど、結局、阪神のサードはのちのち、掛布雅之が出てくるまで安定しなかったですね。

内野の守りでもう一つ思い出すのは、阪神時代、セカンドを守っていた中村勝広。彼は早稲田大のキャプテンで、田淵と同じく、六大学の超花形プレーヤーとして入ってきました。

一年目からゲームに出て、守りはそこそこ堅いし、打っては巨人の堀内に強いという特徴があった。そんな男がある日の巨人戦でエラーしたとき、マウンド上にいた私が慰めたことがあるんです。

この中村と外野手の望月充。二人は当時の金田正泰監督の怒られ役で、いつも叱責されてはべそをかいていた。私はそういう姿を嫌というほど見ていたので、中村がエラーをしたときに慰めてやったんです。実際、彼は堅実に守るわりに、大事なところでミスをすることが少なくなかった。とくに私が投げるときはそうだったので、本来なら慰める必要はなかったんですけどね。

だから、中村にすれば、特別に印象的な出来事だったんでしょう。いまだに会えば、そのときの話をする。つい最近も、中村が夜中に酔っ払って電話してきて、またその当時の話を始めるので、あきれかえってしまいました（笑）。

要は、ピッチャーと野手の関係は、何年か経って、お互いにそういう思い出話、むかし話ができる間柄がいちばんいいんじゃないか。一つのエラーをめぐっての思い出もないような間柄だったら、かえって寂しいと思います。

思い出話に花が咲くのは、南海時代にサードを守っていた藤原満さんもそう。いまも福岡に行ったときにお会いするたび、あのときの話、このときの話、いろいろと出てきて楽しいんですよ。また、藤原さんも楽しそうにしゃべっている。

やはり、そういう間柄が、ピッチャーと野手のいちばんいい関係だと思います。

エピローグ

大事なのは工夫と決断力——運に恵まれた十八年間の野球人生

プロ二年目のキャンプでのめぐり会い

プロ野球の世界において、ピッチャーとはどういうものか。そのなかで「エース」と呼ばれる人は何が違うのか。ここまで自分なりの考えを話してきました。

私自身、阪神時代に「エース」と呼ばれたことは事実ですし、また、その自覚があったことも確かです。リリーフという新しい分野に道をつくらせてもらうこともできました。

しかしながら、何度もくりかえすようですけど、プロ入り前、高校時代の自分はとんでもなくレベルの低いピッチャーだったんです。コントロールもなければ、変化球一つほうれなかったんですから。

そんな程度のピッチャーが十八年間も現役生活を過ごして、通算二〇六勝、一九三セーブという数字を残すことができたのは、ひとえに運だと思います。

ピッチャーとして勝つために、努力するのは当然、いろいろな工夫もしてきたけれど、それ以前に運ですよ。ふりかえればふりかえるほど、運がよかったとしか言いようがない。

運というのは、本人にはどうしようもないものです。

野球だけじゃない、人生においてもそうですし、まさに人との出会いがそうでしょう。いい上司にめぐり会えるか、いい友人にめぐり会えるか、いい彼女にめぐり会えるか、これはすべて運しだい。ただ、あとになって「運がよかった」と思える出会いがたくさんあれば、それはいい人生ですよね。

そういう意味で私の野球人生、いちばん「運に恵まれた」と思えるのは、阪神に入って二年目の一九六八年、ピッチングコーチの林義一さんとめぐり会えたことでした。

現役時代の林さんは大映、阪急の主力投手として活躍。通算九八勝を挙げていて、五二年にはパ・リーグ初のノーヒットノーランも達成しています。指導者経験も豊富で、金田正一さんがいた国鉄で監督も務められた方です。

当時、林さんは四十八歳。自分よりも三十近く年上で、年配の指導者という点では、前年にコーチだった川崎徳次さんと同じ。でも、川崎さんが軍隊調の命令口調だったのに対し、キャンプインの前にはじめてお会いしたときの林さんは、とてもスマートで穏やかな口調で、何事も淡々と話されていた。

私がそれまで育ってきた野球環境では、高校時代から、目上の人といえば川崎さんのような方がふつうでした。「口より手が早い」という風潮も当たり前だったし、そのなかで林さんは稀な方だったと思います。

何よりも驚かされたのは、林さんが私のことを「江夏くん」「ユタカくん」と呼んだり、「キミ」と呼ぶこと。指導者が選手を呼び捨てにしないなんて、いまの時代でもまず考えられないでしょう。それだけに最初のうちは妙な感じがしていました。

また、指導するときも、上から押さえつけたり、決めつけたりしない。

「キミはいまこうやっているけど、こういう方法もあるよ。それでももしもうまくいかなかったら、こうやってごらん。それでも合わなかったら、また話し合おう」

こんな調子なんです。

正直、はじめはすごく違和感があって、ある種の物足りなささえ感じていました。でも何度か話していくうち、素直に溶け込んでいける、甘えられる、自分の悩みを打ち明けられるような存在になっていった。悩みとは自分の結果に関してです。

林さんの指導でピッチングの基本線ができた

プロ一年目の私は、散々に長打を食らっては失敗していました。とくにツーエンドツーもしくはフルカウントになると、インコースを攻めるしかなくなる。それで年間に二三〇イニング投げて二七本ものホームランを打たれていた。

極端にいえば、九回に一本、必ず打たれている。もうこんなピッチングはしたくない、そんなピッチャーになりたくない、と思っていて、二年目のキャンプが始まってまもないころのことです。まさに林さんから被本塁打の多さを指摘されて、こう言われました。

「ホームランの数をもうちょっと少なくするには、コントロールをよくしなければいけない。そのためにはフォームのバランスだよ。キミの投げ方にはちょっと余分な力が入っているから、力を抜くための練習をやっていこう」

余分な力が入っていた原因の一つは、砲丸投げです。私は中学時代、先輩と喧嘩したことがもとで野球部を辞めてしまって、その後、陸上部に所属して、短距離と砲丸投げの選手になりました。重い砲丸を投げることで地肩が強くなった反面、担いで投げるクセが残って、テークバックのときにいったん後ろに倒れる動きが余分だったんです。

もっとも、林さんもそれを最初からわかって指摘したんじゃなしに、キャンプの第一クールはブルペンで力いっぱい、真っすぐを投げることを優先しました。

そのなかで、「インコースに投げて打たれるのなら、アウトコースにコントロールできるように」という意図があったんでしょう。林さんは私には何も伝えない代わりに、キャッチャーにアウトローに構えさせて、そこに投げる練習ばかりさせた。

アウトローに投げるのは苦手でしたから、投げるたびにシュートしたり、スライドしたり、ワンバウンドになったりする。第二クールまでそんな調子で嫌になりもしましたが、その様子を見た林さんから、「いまのままのフォームではアウトローに投げるのは無理があるんじゃないか」と言われて、砲丸投げのクセという欠点に行き着いたわけです。

それからは、「自然体で投げられるキャッチボールの段階から、真っすぐ立った状態で投げられるように」ということで、キャッチボールに時間をかけました。さらにはボールを離すときの手首の角度、指先の力の入れ具合と、細かい部分の欠点もチェックされて修正していった。要は、林さんの指導によって投げ方をすべて改良され、徐々にアウトローのコントロールを身につけることができたんです。

身についたのは真っすぐのコントロールだけではありません。一年目は曲がらなかったカーブにしても、その後、林さんからゴムまりをもたされて、一生懸命、スナップを利かせる練習をしたらよくなった。ある程度、曲がるようになって、実戦練習で使ってみると、バッターの人がみんな空振りするんです。フォークのように曲がって落ちたんですね。

こうして私は、フォームのバランスが修正されたことでコントロールという技術を身につけ、アウトローの真っすぐと小さく曲がり落ちるカーブという、自分のピッチングの基本線をつくることができた。

ただ、林さんの指導内容そのものはまったく特別なものではなく、すべて基本中の基本です。つまり、私は曲がりなりにもプロのピッチャーでありながら、その基本すら理解していなかったんですよ。

そこで思うのは、もしも林さんが上から押さえつけて、頭ごなしに自分の指導を押しつける人だったら、私は聞く耳をもてなかったかもわからないということ。技術的にも精神的にも未熟だった二十歳前の自分に対し、教えるというよりも、つねに諭すようにして、対話そのものが楽しく感じられるほどだったから、素直に課題に取り組んでいけた。

そういう意味で、林さんは私にとってかけがえのない指導者であり、どれだけ感謝の言葉を並べても足りないほどの恩人なのですが、ずっと面倒をみてもらえたかといったら決してそうじゃない。林さんはその年かぎりで退団されたんです。

だからこそプロ野球の世界、自分にとっていい指導者とめぐり会えるかどうかは運でしかないし、私にしてみれば、林さんとの出会いは運命的だったといえます。

工夫するなかで決断力をもってチャレンジできるか

自分にとって「運命的」ともいえる人との出会いは、人生を歩んでいくなかで、そう何度もあるものではないでしょう。

しかも、じつはそれだけの人とめぐり会っているのに、自分では気づかずにその人を離してしまうケースもあれば、自分で「この人だ」と思ってつかんだ人が、ぜんぜんそうじゃなかった、というケースもあると思います。

これを「不運」と言うならば、そんな不運に陥らないために、自分で自分の目を養うことが大事です。数多くの人と会って、いろんなことを自分で考えていけば、結果的に運をつかむことはできると思う。そのうえでいちばん大事なのは、工夫すること。私はそういう人が人生で成功するんだと思います。

プロ野球の世界でも、考えて、工夫していない一流選手は一人たりともいません。エースであれ、四番であれ、だれしも工夫しています。才能だけでその座に就いた選手なんて一人もいません。あとは、工夫していくなかで、自分で決断力をもってチャレンジできるか、できないかの違いでしょう。

自分で「こうしたいな。こういうことをちょっとやってみたいな」と思っても、決断力がなければ、いつまで経ってもおんなじレベルで行ったり来たりしているわけです。

でも、「間違ってもいいんだ。自分でいっぺんこれをやってみよう」と決断して、やってみる。結果、それがすべて成功することはないでしょう。半分は失敗するでしょう。けれども決断して失敗したことによって、自分なりに一つ学べば、次のときには、それが生かされるのです。だから、大事なのは、工夫と決断力なんです。

たしかに、工夫していくなかで、「これは自分にできても、これだけは自分にはどうしてもできない」ということに気づくときがあると思います。その見極めができないと、かえって苦しむことになるかもわかりません。

そういう意味では、見極めや切り替えがまともにできる頭のよさ、もしくは要領のよさがあればいいんですが、そういう人はまず少ないと私は思う。たいていは未練たらしく、「なんとかあきらめないで」となるほうが多いでしょうし、そうなると、やっぱり苦しくて、きつくなると思います。

でも、チャレンジするからには、きつい思いをするぐらいでちょうどいい。見極めて、スパッと切り替えてよかった、というのはあくまでも結果論ですから。

一つ、自分にとっていいと思うものを追い求める過程においては、やはり、簡単にあきらめてはダメです。考えて、工夫してもダメなら、もっと考えて工夫する。それぐらい強く追い求めたほうが、たとえ大きな成果が得られなくても、自分にとって必ずプラスになるはずですから。

これはもう、野球だけじゃなしに、どんなスポーツの世界でもそうでしょうし、一般社会の方の人生もそう。

もちろん、それぞれの分野で取り組んでいる内容は違いますし、プロ野球で生きていくとなると、もって生まれた素材、素質が必要になってきます。それでも考え方、そうした姿勢の大切さは、野球界も一般社会もいっしょだと思います。

若いうちは自分の求めるものに勇気をもってぶつかれ

私がいままで、長年、野球をやってきて、もしくは見てきて、「いい選手なのに、ちょっとした工夫がない」とか、「ちょっとした勇気がない、決断力がない」と感じたことはいくらでもあるんです。

たとえば、アマチュア時代に四番を打っていた人が、プロに入ってみたら案外、非力だった。にもかかわらず、いつまで経ってもバットを長くもって構えているようでは、いい結果は出せませんよね。身体が小さくて非力な選手が、しょっちゅうフライを上げているようでは、「おまえは何を考えてるんだ?」と言われても仕方がない。プロで生きていくための工夫をしていないんですから。

じゃあ、非力な選手がプロで生きていくためにはどうすればいいか——。

もしも人より速い足があるなら、バットを寝かせて、まずはボールを転がすこと。内野安打を稼ぐことから始めてみる。つまりはそれが、その選手に合った工夫であって、そこから自分の野球人生が始まるんだと早くに悟れば、その選手はいずれ開眼するはずです。

反対に、もって生まれた体格のよさとパワーのあるバッター。バッティングを小さくして、コツコツ当てていったら、その人の特徴が消えますよね。やはりパワーのある人は、ある程度、勇気をもってバットを振っていきたい。振ることによって、相手バッテリーも考えてくれるわけですから。

一つ強く振ったら自分が有利になる。そう理解すれば、バッターボックスのなかで、ずっと気持ちが楽になると思う。バッターは基本的に受け身ですけど、バットを振ることによって攻め手になれる。勝負とはそういうものだし、それも工夫の一つです。

一方でピッチャーに関して、これは自分の現役時代の話になりますが、力的には、プロに入った時点で自分より上のピッチャーはたくさんいました。けれども、本人が考えて工夫できなかったのか、それとも決断力がなかったのか、あるいは、人との出会いを大事にできなかったのか……。成功できなかった人は少なくありません。

そもそも、私が林さんに出会えたのは運でしかないですが、工夫もなしに、ただ指導されるままに練習したわけでもないんです。

アウトローを基本線として選択したのも、一年目に投げていくなかで、内よりも外のほうがケガは少ないと理解していたからですし、先輩の村山さん、若生さんのピッチングを参考にするという工夫もしました。打たれたあとに「あれは何を投げたんですか?」と聞くと、「インコースだよ」という答えが返ってきて、納得したこともあった。「アウトコースだよ」という答えは少なかったと思います。

林さんにゴムまりをもたされたときも、グラウンドだけじゃなしに、寝る前には布団に寝そべって、天井に向かって投げたりした。そうやってプライベートでも工夫して、野球に明け暮れていくと、練習が楽しくなったものです。

また、キャンプのブルペンには審判の方が立ちますが、私自身、まだアウトローのコントロールがついていないうちは、「どいてくれ」と言っていました。審判の方は「若いくせにクソ生意気な奴だ」と思ったでしょう。

でも、自分としては、アウトローの出し入れができるようになってからじゃないと、審判にボールを見てほしくなかった。「江夏は外のコントロールがよくない」と先入観をもたれたら、ジャッジに影響するのではないかと考えたからです。

だから、私生活も含めてただ漠然と生きるよりも、自分で考えて工夫して、自分で感じて求めたいと思ったことに対して、勇気をもってぶつかっていく。

私はつねづね、それが大事なことだと思っています。とくに、若い人にとっては。

だれもがエースになりうる可能性をもっている

エースはだれもがなれるものではないということを、私は最初にお話ししました。

これは言い換えれば、「プロに入ったピッチャーのだれもがなれるものではない」という意味であって、最後に、プロをめざす人たちに向けてひと言、伝えておきましょう。

いま野球を一生懸命にやっている子どもたちからアマチュア選手にいたるまで、だれもがエースになりうる可能性をもっています。「プロ野球のチームでエースになりたい」という夢があるのなら、どこまでも追いかけてほしいですね。

追いかけるうえでは、何より、野球を好きでやることです。とくにピッチャーの人は、ボールを投げることが嫌いだったらどうしようもないですから、投げることが好きで、投げることを大事にしてもらいたい。

以前、ダルビッシュと対談させてもらったとき、この男はほんとうに野球が好きなんだな、投げることが好きなんだなと、話す言葉の中身から感じることができました。ちょうどキャンプ中でしたから、それはブルペンを見させてもらったときにも感じられて、当然ながら、彼もボールを投げることを大事にしていた。

　そこで、同じ大事にするのでも、私はプロをめざす人たちに、キャッチボールを大事にしてほしいんです。たんにウォーミングアップの一環とは考えずに、ピッチングというのは、自然体で投げられるキャッチボールの延長にあるものだと考えるといい。キャッチボールの先にブルペンがあり、ブルペンの先にゲームがあるんですから。

　一方で、情報がたくさんあるいまの時代、ややもすると、若い人は頭でっかちになりがちです。知識が豊富にありすぎて、ヘンに要領がよくて器用で、優等生になってしまう選手も少なくありません。

　でも、野球は頭でするものではなくて、身体でするものです。理屈をどれだけわかっても、理屈でボールはほうれない。このことをわかってもらえたらいい。頭でっかちになるのが避けられないなら、身体もでっかくなってほしい。

　そして、いまいっしょにプレーしている仲間を愛して、チームを愛して、野球を愛する。

　この気持ちを大切にして、「エース」と呼ばれるピッチャーをめざしてください。

二〇一二年一月

江夏　豊

PHP新書

PHP INTERFACE
http://www.php.co.jp/

江夏 豊［えなつ・ゆたか］

1948年生まれ、兵庫県出身。元プロ野球投手、現・野球評論家。大阪学院大学高等学校卒業後、66年ドラフト1位で阪神タイガースに入団。2年目にはシーズン401奪三振の世界記録を樹立、名実ともにエースとして君臨する。76年に南海ホークスへ移籍、ストッパーのパイオニアとして球界に革命を起こす。広島、日本ハムではチームの優勝に貢献。84年シーズン終了後、引退を発表。翌年メジャーリーグに挑戦したことでも話題に。最多勝2回、最優秀防御率1回、最多奪三振6回、最優秀救援投手5回。206勝193セーブの類まれな生涯成績、オールスターゲームでの「9者連続奪三振」、日本シリーズでの「江夏の21球」と名場面に彩られたその人生は、「20世紀最高の投手の1人」といまだに評される所以である。

著書に『左腕の誇り』（草思社／新潮文庫）、共著に『なぜ阪神は勝てないのか?』（角川oneテーマ21）などがある。

エースの資格

PHP新書782

二〇一二年二月二十九日 第一版第一刷

著者――江夏 豊
発行者――安藤 卓
発行所――株式会社PHP研究所
東京本部――〒102-8331 千代田区一番町21
新書出版部 ☎03-3239-6298（編集）
普及一部 ☎03-3239-6233（販売）
京都本部――〒601-8411 京都市南区西九条北ノ内町11
組版――有限会社エヴリ・シンク
装幀者――芦澤泰偉＋児崎雅淑
印刷所
製本所――図書印刷株式会社

ISBN978-4-569-80048-6

ＰＨＰ新書刊行にあたって

「繁栄を通じて平和と幸福を」(PEACE and HAPPINESS through PROSPERITY)の願いのもと、ＰＨＰ研究所が創設されて今年で五十周年を迎えます。その歩みは、日本人が先の戦争を乗り越え、並々ならぬ努力を続けて、今日の繁栄を築き上げてきた軌跡に重なります。

しかし、平和で豊かな生活を手にした現在、多くの日本人は、自分が何のために生きているのか、どのように生きていきたいのかを、見失いつつあるように思われます。そして、その間にも、日本国内や世界のみならず地球規模での大きな変化が日々生起し、解決すべき問題となって私たちのもとに押し寄せてきます。

このような時代に人生の確かな価値を見出し、生きる喜びに満ちあふれた社会を実現するために、いま何が求められているのでしょうか。それは、先達が培ってきた知恵を紡ぎ直すこと、その上で自分たち一人一人がおかれた現実と進むべき未来について丹念に考えていくこと以外にはありません。

その営みは、単なる知識に終わらない深い思索へ、そしてよく生きるための哲学への旅でもあります。弊所が創設五十周年を迎えましたのを機に、ＰＨＰ新書を創刊し、この新たな旅を読者と共に歩んでいきたいと思っています。多くの読者の共感と支援を心よりお願いいたします。

一九九六年十月

ＰＨＰ研究所

PHP新書

［人生・エッセイ］

［**知的技術**］

003 知性の磨きかた 林 望
025 ツキの法則 谷岡一郎
112 大人のための勉強法 和田秀樹
180 伝わる・揺さぶる！ 文章を書く 山田ズーニー
203 上達の法則 岡本浩一
250 ストレス知らずの対話術 齋藤 孝
305 頭がいい人、悪い人の話し方 樋口裕一
351 頭がいい人、悪い人の〈言い訳〉術 樋口裕一
390 頭がいい人、悪い人の〈口ぐせ〉 樋口裕一
399 ラクして成果が上がる理系的仕事術 鎌田浩毅
404 「場の空気」が読める人、読めない人 福田 健
432 頭がよくなる照明術 結城未来
438 プロ弁護士の思考術 矢部正秋
511 仕事に役立つインテリジェンス 北岡 元
531 プロ棋士の思考術 依田紀基
544 ひらめきの導火線 茂木健一郎
573 1分で大切なことを伝える技術 齋藤 孝
605 1分間をムダにしない技術 和田秀樹
615 ジャンボ機長の状況判断術 坂井優基
622 本当に使える！ 日本語練習ノート 樋口裕一
624 「ホンネ」を引き出す質問力 堀 公俊
626 "口ベタ"でもうまく伝わる話し方 永崎一則
646 世界を知る力 寺島実郎
662 マインドマップ デザイン思考の仕事術 木全 賢／松岡克政
666 自慢がうまい人ほど成功する 樋口裕一
673 本番に強い脳と心のつくり方 苫米地英人
683 飛行機の操縦 坂井優基
711 コンピュータvsプロ棋士 岡嶋裕史
717 プロアナウンサーの「伝える技術」 石川 顕
718 必ず覚える！ 1分間アウトプット勉強法 齋藤 孝
728 論理的な伝え方を身につける 内山 力
732 うまく話せなくても生きていく方法 梶原しげる
733 超訳 マキャヴェリの言葉 本郷陽二
747 相手に9割しゃべらせる質問術 おちまさと
749 世界を知る力 日本創生編 寺島実郎
762 人を動かす対話術 岡田尊司
768 東大に合格する記憶術 宮口公寿

［**地理・文化**］

264 「国民の祝日」の由来がわかる小事典 所 功
332 ほんとうは日本に憧れる中国人 王 敏
369 中国人の愛国心 王 敏

383 出身地でわかる中国人 宮崎正弘
465・466 ［決定版］京都の寺社505を歩く（上・下） 山折哲雄／槇野 修
592 日本の曖昧《あいまい》力 呉 善花
635 ハーフはなぜ才能を発揮するのか 山下真弥
639 世界カワイイ革命 櫻井孝昌
649 高級ショコラのすべて 小椋三嘉
650 奈良の寺社150を歩く 山折哲雄／槇野 修
670 発酵食品の魔法の力 小泉武夫／石毛直道［編著］
684 望郷酒場を行く 森 まゆみ
696 サツマイモと日本人 伊藤章治
705 日本はなぜ世界でいちばん人気があるのか 竹田恒泰
744 天空の帝国インカ 山本紀夫
757 江戸東京の寺社609を歩く 下町・東郊編 山折哲雄／槇野 修
758 江戸東京の寺社609を歩く 山の手・西郊編 山折哲雄／槇野 修
765 世界の常識vs日本のことわざ 布施克彦
779 東京はなぜ世界一の都市なのか 鈴木伸子

［社会・教育］

117 社会的ジレンマ 山岸俊男
134 社会起業家「よい社会」をつくる人たち 町田洋次
141 無責任の構造 岡本浩一
175 環境問題とは何か 富山和子
252 テレビの教科書 碓井広義
324 わが子を名門小学校に入れる法 清水克彦／和田秀樹
335 NPOという生き方 島田 恒
380 貧乏クジ世代 香山リカ
389 効果10倍の〈教える〉技術 吉田新一郎
396 われら戦後世代の「坂の上の雲」 寺島実郎
414 わが子を有名中学に入れる法 清水克彦／和田秀樹
418 女性の品格 坂東眞理子
455 効果10倍の〈学び〉の技法 吉田新一郎／岩瀬直樹
481 良妻賢母 池内ひろ美
495 親の品格 坂東眞理子
504 生活保護vsワーキングプア 大山典宏
515 バカ親、バカ教師にもほどがある 藤原和博／［聞き手］川端裕人
522 プロ法律家のクレーマー対応術 横山雅文
537 ネットいじめ 荻上チキ
546 本質を見抜く力――環境・食料・エネルギー 養老孟司／竹村公太郎
558 若者が3年で辞めない会社の法則 本田有明

561 日本人はなぜ環境問題にだまされるのか　武田邦彦
569 高齢者医療難民　吉岡 充／村上正泰
570 地球の目線　竹村真一
577 読まない力　養老孟司
586 理系バカと文系バカ　竹内 薫［著］／嵯峨野功一［構成］
599 共感する脳　有田秀穂
601 オバマのすごさ やるべきことは全てやる！　岸本裕紀子
602 「勉強しろ」と言わずに子供を勉強させる法　小林公夫
607 進化する日本の食　共同通信社［編］
616 「説明責任」とは何か　井之上 喬
618 世界一幸福な国デンマークの暮らし方　千葉忠夫
619 お役所バッシングはやめられない　山本直治
621 コミュニケーション力を引き出す　平田オリザ／蓮行
629 テレビは見てはいけない　苫米地英人
632 あの演説はなぜ人を動かしたのか　川上徹也
633 医療崩壊の真犯人　村上正泰
637 海の色が語る地球環境　功刀正行
641 マグネシウム文明論　矢部 孝／山路達也
642 数字のウソを見破る　中原英臣／佐川 峻
648 7割は課長にさえなれません　城 繁幸
651 平気で冤罪をつくる人たち　井上 薫
652 〈就活〉廃止論　佐藤孝治
654 わが子を算数・数学のできる子にする方法　小出順一
661 友だち不信社会　山脇由貴子
675 中学受験に合格する子の親がしていること　小林公夫
678 世代間格差ってなんだ　城 繁幸／小黒一正／高橋亮平
681 スウェーデンはなぜ強いのか　北岡孝義
687 生み出す力　西澤潤一
692 女性の幸福［仕事編］　坂東眞理子
693 29歳でクビになる人、残る人　菊原智明
694 就活のしきたり　石渡嶺司
706 日本はスウェーデンになるべきか　高岡 望
708 電子出版の未来図　立入勝義
719 なぜ日本人はとりあえず謝るのか　佐藤直樹
720 格差と貧困のないデンマーク　千葉忠夫
735 強毒型インフルエンザ　岡田晴恵
739 20代からはじめる社会貢献　小暮真久
741 本物の医師になれる人、なれない人　小林公夫
751 日本人として読んでおきたい保守の名著　潮 匡人
753 日本人の心はなぜ強かったのか　齋藤 孝
764 地産地消のエネルギー革命　黒岩祐治
766 やすらかな死を迎えるためにしておくべきこと　大野竜三
769 学者になるか、起業家になるか　城戸淳二／坂本桂一

685 家族のための介護入門　岡田慎一郎
690 合格を勝ち取る睡眠法　遠藤拓郎
691 リハビリテーション入門　橋本圭司
698 病気にならない脳の習慣　生田 哲
712 「がまん」するから老化する　和田秀樹
754 「思考の老化」をどう防ぐか　和田秀樹
756 老いを遅らせる薬　石浦章一
760 「健康食」のウソ　幕内秀夫
770 ボケたくなければ、これを食べなさい　白澤卓二
773 腹7分目は病気にならない　米山公啓
774 知らないと怖い糖尿病の話　宮本正章

[経済・経営]

078 アダム・スミスの誤算　佐伯啓思
079 ケインズの予言　佐伯啓思
187 働くひとのためのキャリア・デザイン　金井壽宏
379 なぜトヨタは人を育てるのがうまいのか　若松義人
450 トヨタの上司は現場で何を伝えているのか　若松義人
479 いい仕事の仕方　江口克彦
526 トヨタの社員は机で仕事をしない　若松義人
542 中国ビジネス とんでも事件簿　範 雲涛
543 ハイエク 知識社会の自由主義　池田信夫
547 ナンバー2《ツー》が会社をダメにする　岡本浩一
565 世界潮流の読み方
ビル・エモット［著］／烏賀陽正弘［訳］
579 自分で考える社員のつくり方　山田日登志
584 外資系企業で成功する人、失敗する人　津田倫男
587 微分・積分を知らずに経営を語るな　内山 力
594 新しい資本主義　原 丈人
603 凡人が一流になるルール　齋藤 孝
620 自分らしいキャリアのつくり方　高橋俊介
645 型破りのコーチング　平尾誠二／金井壽宏
655 変わる世界、立ち遅れる日本
ビル・エモット［著］／烏賀陽正弘［訳］
689 仕事を通して人が成長する会社　中沢孝夫
709 なぜトヨタは逆風を乗り越えられるのか　若松義人
710 お金の流れが変わった！　大前研一
713 ユーロ連鎖不況　中空麻奈
727 グーグル10の黄金律　桑原晃弥
750 大災害の経済学　林 敏彦
752 日本企業にいま大切なこと　野中郁次郎／遠藤 功
775 なぜ韓国企業は世界で勝てるのか　金 美徳
778 課長になれない人の特徴　内山 力